张　涛　主编

守土者的变量

上海教育出版社
SHANGHAI EDUCATIONAL
PUBLISHING HOUSE

　　三年前，上海市师资培训中心交流协作团队出版了《风从东方来——上海综合改革成果辐射案例集》一书。该书聚焦上海对口支援实施过程中的实践经验和个人成长感悟，各地校长结合上海学习研修过程中的观察和思考，深度阐述其返回所在学校后对上海研修成果的落实和创新实践，以及所取得的丰硕成绩。三年过去了，在全面推进乡村振兴工作、加快建设农业强国、建设宜居宜业和美丽乡村的新征程上，我又收到了这本集中反映在沪参训的中西部教育工作者在专业发展的同时充分发挥辐射作用，为改变贫困地区教育面貌不懈努力的《守土者的变量》。读完此书，我见证了每一位参训学员作为"守土者"自我更新、蓬勃成长的活力图景，深感心潮澎湃、振奋无比！

　　扶贫必扶智，脱贫攻坚的伟大胜利同样是全体上海教育工作者和上海人民的伟大光荣！党的十八大以来，上海教育扶贫攻坚深入贯彻习近平总书记重要讲话精神，紧紧围绕"两不愁三保障"工作要求，在教育部和市委、市政府的有力领导下，坚持立德树人，狠抓工作机制、核心管理、质量把控、平台搭建、资源共享、社会协同等重点，突出上海智力资源优势，持续输出共享上海教育综合改革成果，精细管理，精准扶贫，创造了上海高质量教育品牌，彰显了上海教育"软实力"，弘扬了上海城市精神品格。

　　教师是教育发展的第一资源，上海教育扶贫注重通过精细管理，为对口地区培养一支"带不走"的教师队伍。在这一进程中，上海市师资培训中心是一面旗帜。十余年来，市师培中心在实践工作中奋力践行党中央、国务院的要求，坚守信念、专业引领、靶向施策、精准滴灌，积极探索上海对口支援教育精准扶贫有效模式，将上海的教育理念、实践方式、发展经验及改革精神传播融入各地教育土壤之中，逐步形成了"走进来"与"送出去"相结合的深度对口支援模式，形成了对口支援"金种子校长""影子校长""海上名师讲坛""双师课堂""名师西部行"等品牌项目，为上海对口支援地区培养了一支高素质、专业化、带不走的教育人才队伍，使对口支援地区的教育教学水平不断提升。

教育"金种子"播撒在祖国西部各地，教育智慧之花在上海对口支援地区绽放。在全国脱贫攻坚总结表彰大会上，上海市师资培训中心交流协作部被中共中央、国务院授予"全国脱贫攻坚先进集体"称号。这份成绩属于每一位对口支援人，属于每一位关心与支持脱贫攻坚工作的教育人。

平凡铸就伟大，英雄来自人民。回首十多年的教育扶贫工作，我们见证了对口地区教师专业发展水平的显著提升，见证了当地教育优质发展的喜人态势。他们中，有从不太会说普通话成长为县普通话教学培训师的维吾尔族教师；有在困境中坚持考硕考博并返乡奉献学识的吐鲁番学员；有回家乡创建早教中心的云南幼儿教师；有把在上海学到的创意美术带回家乡，让乡村的孩子感受到"简单美术，创意无限"的教师；还有不少校长、园长对学校发展规划、教师队伍建设、课程领导力、校园文化等有了更深层的思考……

奋斗百年路，启航新征程。在实现第二个百年奋斗目标新的赶考之路上，我们要高举习近平新时代中国特色社会主义思想伟大旗帜，深入贯彻落实习近平总书记关于教育的重要论述，切实把思想和行动统一到党中央和市委的决策部署上来，乘势而上，接续奋斗，共担使命。按照"四个不摘""四个不减"总体要求，根据对口地区实际需求，进一步深化顶层沟通交流，力争打造教育合作模式新品牌；进一步提升师资队伍建设水平，帮助对口地区造就一支优秀教师队伍；进一步精准开展职业教育帮扶，切实做好招生就业各项工作；进一步深化综合改革辐射，提升教育服务对口地区经济社会发展能级，为巩固拓展教育脱贫攻坚成果、有效衔接乡村振兴战略、全面建成社会主义现代化强国、实现第二个百年奋斗目标披坚执锐，再立新功！

尹后庆

2023 年 2 月

Contents 目录

春风化雨　廿年如一
一颗赤诚心走好漫漫教育路
——贵州遵义播州区第三小学蒲朝宇的故事

他是一名"普通"的80后，从机电工毅然改行从教。

他是一名大山里走出来的孩子，却选择回到山里培养更多的孩子。

他是一名"不合格"的父亲，却是一名爱岗敬业的"好老师""好校长"。

他说："教育之路漫漫其修远，我始终本着一颗热忱的红心，视教育为生活，视教育为生命，尽心尽力，尽职尽责。"话说得朴实，也始终做得认真踏实。

他就是蒲朝宇，贵州省遵义市播州区第三小学的校长，也是这所学校的"灵魂人物"。

2018年，蒲朝宇凭借在学校管理和教学实践上的不俗表现，获得了遵义市第二期"影子校长"的培训机会。他和其他九名学员一起，开启了在上海为期一年的学习之旅。

这一年中，每一次讲座、每一个课堂、每一场研修，都对他产生了深深触动。经过认真研修，蒲朝宇不仅获得了"优秀挂职学员"的称号，其主持研究的课题也荣获上海市"影子校长"项目教育科研成果一等奖。

用蒲朝宇自己的话来说，这是满载而归的一年，也是将心归零的一年。

为了那些孩子们，他把青春留在大山里

1982 年出生的蒲朝宇是土生土长的遵义人，是贵州大山里长大的孩子，父母都已年过七旬，一辈子都以务农为生。说起来，他算不上科班出身的"教育人"。读书那会，教师在当地的地位普遍不高，就业也不算好，所以中学毕业后蒲朝宇选择出省去四川水利机电学校学习机电设备维修。因为机缘巧合，听当教师的叔叔说，教育很快乐，这才决定回家乡转行从教。

蒲朝宇家乡所在的播州区地处贵州省北部，是 2016 年国务院批准撤销遵义县后挂牌成立的新区。这片被誉为"黔北粮仓"的土地有着悠久的历史，也是彪炳史册的红色圣地、绿色发展的旅居福地。历史上，早在春秋战国时期，就有土著民族在此建立鳖国，唐贞观年间始设播州府，距今已有 1300 多年历史。"十三五"时期，当地紧紧围绕省委"加速发展、加快转型、推动跨越"的主基调和"工业强省、城镇化带动"的主战略，大力推进新型工业化、新型城镇化、农业现代化和旅游产业化融合发展，区域综合实力明显提升，城乡面貌日新月异。

自 2001 年开启自己的从教生涯，20 年来蒲朝宇始终坚持奋战在教育工作的第一线。他先后在贵州省遵义县新民镇香坪小学、朝阳小学、金龙小学和新民小学任教，年纪轻轻的他凭借着对教师工作的热爱和对学生的喜爱，很快适应了这份工作。在此期间，他还一边工作，一边进修，在贵州民族学院和贵州师范学院完成了小学教育文科专业和教育学专业的学习。

2009 年，他走上学校领导岗位。2009 年担任金龙小学校长时，他将学校打造成全县"优美教室"样板学校，教学质量连续多年排在全镇前列，同时还被评为语文一级教师。2012 年担任新民小学校长时，他让校园旧貌换新颜，新民小学成为全县首家拥有塑胶球场的寄宿制小学；同时他还积极探索"阳光校园"的特色发展方向，打造出全县留守儿童均衡发展、寄宿制工程的"样板"校和现场会参观点，并代表当时的遵义县接受了省市各级的验收。2018年，在担任播州区第九小学校长期间，他有幸赴上海参加遵义市第二期"影子校长"挂职培训。

把心归零，才能汲取更多营养和能量

短短几个月的"影子校长"培训带给蒲朝宇的是思想上、行动上翻天覆地的变化。

他不仅接受了上海市师资培训中心组织的集中培训、跟岗上海市中远实验学校的各种教育教学活动，还积极参与"影子之光"校长论坛和西部校长"追求卓越"研修沙龙论坛。

在上海市师资培训中心，专家对学员们开展了深入浅出的培训。他们以先进的教育教学理念为支撑，以具体的学校案例为典型，围绕"学校规划设计与实施""德育工作""优质学校建设""校园文化设计"和"课程领导建设"等教育教学中的关键问题，展开全面的解析。这让蒲朝宇一次又一次意识到，上海及其他发达地区在基础教育工作上的前瞻性，不仅包括理论的高度，还有接地气的深度，同时在操作上又有很强的借鉴意义。

当然，研修期间最让蒲朝宇难忘的莫过于跟岗的经历。他跟岗学习的上海市中远实验学校，是一所建校近20年的九年一贯制新优质学校。学校以"让每一位学生在喜悦中获得成功，在夯实基础上得到卓越发展"为办学理念，以文化作为引领学校发展的顶层设计，并形成具体可操作的框架体系。

中远实验学校的文化，在基础理念，以及培养什么样的人、怎么样培养人上有着详细且系统的设计，而落到细处又有对应的载体支撑，这让文化落地有了很强的可操作性。这些理念让蒲朝宇豁然开朗，对校园文化帮助达成办学目标的实践路径也有了更多、更深入的思考。

落实到具体的外部环境文化建设上，蒲朝宇感受到小巧而精致的校园中处处洋溢着育人的气息。展示墙上的内容多是学生的作品，或是激励学生成长的话语，简约但不简单，且每个区域都有突出的文化功能。这些都让人感受到一种静心办学、静心育人的沉稳，一种自然和谐的深度与温度。对此，他更加清晰地意识到，显性的文化应是育人所需，而教育的境界应当追求高度、厚度和温度。

在中远实验学校，蒲朝宇还感受到了不一样的德育。

学校依托所处的中远两湾城的特色地域环境和文化资源，以学科教育、校园文化活动、修身育品活动、社会实践活动为育人载体，由此延伸出一碑、一像、一城、一河、一地、一库、一馆"七个一"的德育基地；同时又以德育科研为突破口，创造出涵盖读书节、正红节、艺术节、人文节、体育节、科技节、英语节的"七彩主题节"，形成了极具特色和成效显著的校园德育文化。蒲朝宇从中看到了仪式感对促进孩子成长的重要作用，这也为他今后在德育工作的设计与实施能力上的提升，起到了推动作用。

中远实验学校还非常重视常规教学工作，从新教师的培训培养到中青年教师的展示，都有着系统而成熟的工作方法。通过对不同类型课程的观摩，蒲朝宇看到了学校领导对课堂教学、对教师发展的独特理解和卓越追求。"试教课挖潜能，汇报课磨技能，研讨课展风采。这是我们旁听时最真切的感受。"蒲朝宇说道。

的确，一所学校的优质发展，课程是基础，逐步建设起适合学校发展的校本课程，才能以课程推动学校发展，以课程彰显特色，以课程提升品质。学习之余，蒲朝宇也将这些心得完整地记录了下来，并将对校园建设的重新思考和构建带回了自己的学校。

在图书漂流节活动中，中远实验学校以班级为单位，让学生家长以车的后备厢为书屋，并利用简单的材料，将"书屋"装饰得美观而富有童趣，以吸引孩子们用图书卡换书。这些后备厢内的书，均是孩子们自己提供的，每提供一本书，就可以在老师那里取得一张卡，而每一张卡可以在漂流节中换一本喜欢的图书。书籍以漂流的形式将阅读的乐趣传递给他人，既让孩子们学会了分享，又让他们在分享后有所获益，这种一举多得的活动形式给了蒲朝宇很多启发。

在另一场"经典咏流传"班班唱活动中，每个班的学生选取一首中国经典曲目，以唱、朗诵、民族舞蹈、乐器表演等形式，编排各具特色的展演，凸显了学校培养孩子举止文雅、气质优雅、品位高雅的理念。这个活动在蒲朝宇看来，赋予了文化传承以载体。中国拥有五千年的文明和五千年的优秀传统文化，如何以孩子喜欢的方式，让他们得到传统文化的浸润，让他们在快乐的表演中得到锻炼和提升，是非常值得深思的一个课题。

培训之余，蒲朝宇也沉醉于上海这座国际化大都市的风土人情。他走进复旦大学、同济大学、上海交大、上海师大、华东师大等知名高校，参观铁岭中学、普陀区教育学院附属中学、打一小学、甘泉外国语学校等中小学校，也游览了外滩、东方明珠电视塔、田子坊、环球港、上海世博园等经典地标。百花齐放的教育风采和城市风景线都为蒲朝宇此次学习之旅提供了不可或缺的营养。

一段旅途的结束，寓意着一个新的开始。在上海的每一刻、每一天、每一月，蒲朝宇都在认真地看着、听着、想着、悟着。这一年中所汲取的营养，正在悄悄酝酿着、慢慢改变着。终有一天，这些看似微不足道的种子，会长出绿叶，结出甜美的果实。

找对路子，让学校走得更远也更稳

2018 年，结束在上海的"影子校长"培训后，蒲朝宇回到遵义继续担任播州区第九小学校长。想起当初"临危受命"加入九小的经历，他不禁感慨良多——

2016 年，播州区第九小学刚刚成立。在最初的一个月中，担任校长的蒲朝宇就像是一名拓荒者，带领全校 16 名教师日夜奋战，顺利完成了校园搬迁的任务并准备好迎国检的相关工作。"趁着年轻多做事"是蒲校长和老师们说得最多的一句话，这不仅是他个人的青春宣言，也是他的实际行动。

面对将村级小学升级为直属小学的挑战，蒲朝宇和他的团队做了三件事：一是确保顺利入住，二是规划学校的发展方向，三是稳步提升质量。而后两件事很大程度得益于"影子校长"培训带给他的所思所得。

其中，让蒲朝宇决心下狠功夫的是为德育工作创新载体。他认真回顾了中远实验学校的成功经验，结合学校原本"美的教育"办学方向，逐步探索以"文化引领美，梦想驱动美，活动渗透美，生命奠基美"为德育主线，实现"仪表美、体魄美、行为美、心灵美、情趣美"的德育目标。

在实践中，他一方面抓好德育队伍建设、健全德育管理体系，确保德育工作事事有人抓、事事抓出成效；另一方面，积极探索德育课程建设，推进美的德育实践。围绕春节、清明、端午等中国七大传统节日，开发"七色光"美的主题节日，把"仪表美、体魄美、行为美、心灵美、情趣美"融入具体的课程教学中。

教学是学校的核心工作，在课程实施中，教师是主体。蒲朝宇把在中远实验学校学到的一套"领导挂包、师徒结对、磨炼打造"的各层教师梯次培养模式结合实际情况引入了九小。在行政管理方面，他也转变了观念。在上海期间，他看到中远实验学校虽然有1500多名学生，但完全没有复杂的领导机构，也没有庞大的管理队伍；一位校长、两名副校长，对各处室进行了清晰的分工。回遵义后，他开始尝试让自己的学校管理更加扁平化，让行政管理更高效，这样教师才能有更多时间用于钻研教学。

和上海相比，贵州当地的文化设施相对零散，学校在文化建设上常常苦于找不到支撑点。办学理念和校园文化难以衔接，规划和执行存在差异，学校领导班子更替较为频繁，这些都是蒲朝宇一直未能解决的问题。而如今，有了上海兄弟学校的成功经验，他对自己学校的内涵发展和规划有了更多信心。基于九小自身的环保特色和底蕴，蒲朝宇努力探索出"1+N"的美育课程体系，1为基础课程，N为拓展型、研究型课程，其中就包括环保课，重点培养学生的实践能力和创新能力。

通过两年多的努力，第九小学从原来的100多名学生发展到后来的1000多人，生源的回流离不开蒲朝宇对文化理念的改革和对教育质量的重视——他结合实际，以"美的教育"为办学特色，以"七色光"主题节为载体助推学校自主课程，同时打造出一支师德风尚高、大局意识强、敬业精神强、业务能力强的"一高三强"教师团队。

春华秋实，一路芬芳一路歌

教育家苏霍姆林斯基说过，一个好校长，就是一所好学校。一所好学校，必然拥有一位好校长。

2019年，蒲朝宇调任播州区第三小学校长。面对这所拥有3000多名学生的学校，如何更好地促进学校发展，成为首要任务。

他坚持把德育放在学校教育的首位。"德育应该是一项有艺术的活动，应该转变传统的说教模式，让孩子在具体的活动中、具体的情境中感受。德育工作越丰富，越有温度和仪式感，孩子们就越容易接受。"蒲朝宇对德育工作如此阐释。

他带领新班子认真研究学校历史和文化，在继承"书香校园"文化的基础上，围绕"阅读立人，书香致远"的办学理念，提出了"书香文化，优雅教育"的完整文化理论体系，并构建了"五育并举"的具体办学方针。即把"文明礼仪、勤学善思、经典阅读、身心锻炼、感恩励志"五大习惯作为优雅教育的五大抓手，健全"基础课程""活动课程"和"社团课程"的"三维课程"体系，全面提升学生核心素养。同时，针对五大习惯提出相应的五星评价标准以检验办学成果。

因地制宜的传承与创新为学校发展赢得了卓越的成绩，播州区第三小学先后获得"遵义市品质学校""遵义市艺术特色学校""遵义市科技特色学校"和"遵义市十佳少年宫"等殊荣。

以学校的水情教育为例，播州区第三小学在节水型校园的建设中，将基本水情纳入教育教学，呼吁学校师生进一步关心水资源问题，提高节水意识和水资源的利用效率，形成节约用水、合理用水的良好习惯。

走进充满书香的校园，随处可见节约用水的标识、标语，特别是在食堂、洗手台、厕所、水池等用水频繁的地点，都张贴着醒目标语，引导学生节约用水。此外，各个年级都会不定期开展节水主题班会，教师通过问答互动的形式，向学生讲解什么是河长制、节水小妙招等科普知识，让学生了解当今世界水资源现状。同时还利用 LED 显示屏、微信公众平台、校园广播等加大节水宣传，开展以"节约水资源、保护水环境"为主题的绘画、演讲、征文等活动，增强学校师生的节水意识。

在管理方面，学校定期对供排水设施设备进行检查、维修、更换，杜绝跑、漏、滴现象，并制定了相应的用水管理制度，每学期对节水工作做得好的班级进行表扬和奖励。通过一系列有效措施，学校在"生态环保型"校园的创建工作上取得了良好成效，成为省级节水型校园。

对于新时代下校长角色的转换，蒲朝宇也有自己的独到见解。

在他看来，"新时代校长角色的重新定位"是一个宏大的、框架性的命题。新时代，是一个大发展、大变革的时代，是一个信息化、人工智能等新技术冲击传统工作模式的时代，是一个人人都希望享有公平而有质量的教育的时代。

社会的期望值在增加，校长的角色也在随之发生变化。他在上海参加西部校长"追求卓越"研修沙龙第一次论坛时说，新时代校长应当扮演好三个新角色：符合时代的引领者、学校发展的服务者、推动变革的学习者。

其中，"引领者"指的是校长应当具备正确的政治意识、人格魅力和创新理念，这样学校的管理才能符合时代要求、顺应时代趋势。"服务者"指的是校长不应把自己当做高高在上的管理者，相反，个人的力量有限，服务就是形成一种杠杆效应，以小力量去撬动大能量。而"学习者"说的是校长应当带头学习、激励创新，培养出学习型团队，推动学校和师生的持续发展。

"从前，我们对教育的认识，更多讲究的是知识的传授、考试的成绩；现在更多的在于育人和对思想的影响，帮助孩子们形成正确的价值观。"蒲朝宇深知价值观对每个人的重要意义。就像习近平总书记说的那样，青少年的价值取向决定了未来整个社会的价值取向；就像穿衣服扣扣子一样，如果第一粒扣子扣错了，剩余的扣子都会扣错，所以人生的扣子从一开始就要扣好。

因此，他顺应时代要求，及时转变角色定位，审时度势地规划学校发展。同时，他将对领导班子的建设，作为校长履职的关键工作。谈及新的教育形势下人民群众越来越高的教育需求，蒲朝宇总结说："把握时代脉搏，引领卓越发展，新时代的校长不仅需要创新的理念，还需要更强的人格魅力，不仅要肯干，更要巧干。"

20年来，蒲朝宇兢兢业业、任劳任怨，获得荣誉和表彰无数——"遵义市名校长"、播州区"十佳爱岗敬业青年""优秀校长"、县级"优秀校长""师德标兵"、镇级"先进工作者"……但作为一名教育工作者，蒲朝宇始终保持着朴实的工作作风、亲和诚恳的形象，用自己的言传身教影响着一批又一批的学生，感动着千百名家长和老师。

凭着对教育事业的热爱，蒲朝宇在平凡的岗位上，忘我工作、孜孜追求，把人生最美的青春献给了大山里的孩子们。如今的他，将迎来自己的不惑之年。身为播州区第三小学党总支书记和校长，他和同样从事小学教育工作的妻子育有一子一女，均在播州区当地就读。

当一间学校的校长，比当一个家庭的家长难多了

蒲朝宇一直说，自己不是个合格的父亲和丈夫。在学校和家庭之间，他往往选择的都是前者。

八年前，蒲朝宇时任金龙小学校长，当时，学校要建治安岗亭，

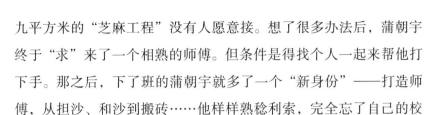

九平方米的"芝麻工程"没有人愿意接。想了很多办法后，蒲朝宇终于"求"来了一个相熟的师傅。但条件是得找个人一起来帮他打下手。那之后，下了班的蒲朝宇就多了一个"新身份"——打造师傅，从担沙、和沙到搬砖……他样样熟稔利索，完全忘了自己的校长身份。

在蒲朝宇看来，作为学校领导，累在前面是理所当然的事。他不仅是这么想的，也是坚持这么做的。

在金龙小学的这所村级学校的三年里，他除了踏实做好校长的本职工作，还主动承担了五年级数学，五、六年级英语的教学任务，且带出的孩子成绩名列镇级学校前茅。

别人一天上 8 小时的班，他很多时候都干满 12 小时；别人一星期享受双休，他很多时候都是天天不休。像修剪花草、钉宣传喷绘、接电线、修电脑这些完全可以请专人完成的事情，他都会利用下午或者周末时间默默完成。实在需要其他老师帮忙的，他也会耐心解释："学校家底薄，咱们自己能处理的事，尽量别花钱。"深受蒲朝宇积极向上、任劳任怨的精神风貌影响，老师们也都很愿意做帮手，一起把学校建得更好。对于蒲校长的日常工作量，老师们也给出了非常精准的描述："白＋黑""5+2"，以及"雨＋晴"。

后来他调任新民小学当校长。暑假期间，学校进行附属设施改建。虽然监工不是他的责任，但他还是坚持天天来学校查看工程情况，和施工人员一起斟酌施工方案。别人问他怎么假期还上班，蒲朝宇总是说："学校施工关乎长远，要招呼好，尽量不留遗憾，不搞重复建设！"布置留守儿童之家时，他凡事亲力亲为，认真敲定颜色搭配，关心每一个可能被忽视的细节。

2014 年春节期间，蒲朝宇的右手掌因为意外割伤缝了 30 多针，但为了能在开学前完成学校绿化工作，他每天忍受着寒冷引起的剧痛，早出晚归，和工人一起上下班，招呼他们按照设计的绿化方案施工。

那一年，他自家孩子就读的幼儿园就在新民小学校园内，但每天放学他还是让妻子来接。有一次幼儿园老师给他打电话说孩子生病了，蒲朝宇的第一反应却是打电话给三公里之外的妻子，让她来照顾孩子。无数次别人问他的孩子："你爸爸去哪儿了？"回答总是："爸爸在加班呢！"

把学校当成自己的家，家人其实也没少为这个和蒲朝宇抱怨过，但他总是笑一笑说："我家是小家，学校是大家，大家好才是真的好。这是我的职责和使命！"

不仅对学校，对老师、对学生，蒲朝宇更是关爱有加。

当时在他的学校里，有不少孩子的父母常年在外打工，平日里都只能由爷爷奶奶照顾生活起居。对于留守儿童来说，父母的"不在场"很容易给孩子在学习上、生活上，甚至精神上、性格上都带来不同程度的影响。蒲朝宇作为这些孩子的"代理家长"，对他们关怀备至、疼爱有加。每个星期他都会找时间和孩子们聊聊天，了解他们的学习情况和生活困惑；每个月他还会和家长进行一次交流，不定时进行学生家访更是家常便饭。开学初，他也不忘给孩子们买些学习用具和日常衣物，让孩子依旧能感受到"亲情如山"。他经常说的一句话是："学校里的学生都是我的儿女，这是我的福气，也是我的责任。"

有一次，学校一名老师的孩子不幸染上了手足口病。结束了一天的忙碌工作后，蒲朝宇顾不上吃饭和休息，忍着饥饿和疲惫，冒雨赶往遵义市区的医院看望生病的孩子。同事们都劝他不要去，说万一不小心带上病源回家传染给自己还年幼的孩子就不好了。蒲校长摆摆手说："老吾老，以及人之老；幼吾幼，以及人之幼。不来看一下，我这心就一直揪着不好受……"后来大家才知道，原来蒲朝宇的孩子那天其实也发着高烧，刚出院回家，同事听了都当下哑然。从教 20 年，凭着对教育事业的热爱，蒲朝宇始终秉承"虽然能力有限，但努力无限"的信念，以及"要做就做到最好"的至高追求，坚持在平凡的岗位上勤于追求、孜孜不倦，以教书育人为己任，以春风化雨的姿态滋润每一个孩子的成长。

如果说，果实是珍贵的，花朵是甜美的，那么躲在阴影中默默奉献的绿叶就是蒲朝宇一直在扮演的角色。没有轰轰烈烈，没有豪言壮语，没有鲜花美誉，也没有动人颂歌，但蒲朝宇愿意以一名普通的小学校长的身份，忘我舍家地想着所做，做着所想，不倦地在平凡的岗位上用一颗赤诚的教育之心，向青春致敬。

未来，他将继续走在教育这条路上，以一颗赤诚红心和不断创新改革的精神上下求索。

桃李春风，她把教育当做一场修行

——贵州遵义第十六中学刘玲的故事

德国哲学家雅斯贝尔斯曾经说过一段广为流传的话：教育的本质是一棵树摇动另一棵树，一朵云推动另一朵云，一个灵魂唤醒另一个灵魂。他告诉我们一个非常重要的概念，教育从来不是被动的接受，而是一种思想的启蒙、思维的开化、视野的拓展和灵魂的唤醒。

2017年3月20日，遵义市第一期"影子校长"培训班的10名学员，肩负着学习先进办学治校能力的使命和着力提升遵义教育发展水平的重托，踏上了去上海的求索悟道之旅，我们的主人公刘玲便是其中之一。

刘玲，遵义市第十六中学校长、党总支书记。和大家以往印象中"校长"的形象略有不同，刘玲看起来更像是一位执三尺教鞭、立三尺讲台的老师，和领导的严肃丝毫不沾边，总是笑着的眼睛就像是五月扑面而来的风，温暖中带着几许清新，不带一丝灰尘。无论是面对着她嘴里一直被称为"孩子们"的学生时，还是在面对未知的麻烦和困难时，她的眼里总是有光，这束光就是她对于教育事业的热情和执着。

2017年3月至12月，刘玲赴上海参加遵义市第一期"影子校长"培训学习班，虽然只有短短几个月，却开启了她教育航程中的又一次飞跃。

关注核心素养的培育，
在"影子校长"中汲取育人的力量

"道之所存，师之所存也。"近一年的时间在刘玲求知若渴的学习过程中转瞬即逝。她总觉得培训的时间过得太快太快，还来不及在上海图书馆多驻足几天，来不及详细地记录下 50 多场讲座的心得感悟，来不及感受各所名校的教学风采，这段难忘的旅程就戛然而止了。

但，"影子论坛"上激烈碰撞的思想火花、鲁迅故里用脚丈量过的经典文化以及专家学者们曾经细心指导以后拨开的重重迷雾，却让这段大家一起走过的日子氤氲着时光的温柔，雕刻了她最难忘的记忆。

"语文老师"是贴在刘玲身上最久的一个标签，也是她最引以为傲的一张名片。

在任职的近 20 年间，刘玲听到过很多来自学生和家长的赞美。有的学生说，刘老师就像春蚕，小小的身体里蕴藏着大大的能量：她每天从很远的家里匆忙赶到学校，披星戴月却从不开口抱怨；为了给学生们批改作业，宁愿加班也要为最后一个学生的作业画上一个圆满的句点……她吐出的银色蚕丝就是丈量她生命价值的标尺。还有的学生说，刘老师就像辛勤的园丁，她的每一个学生都是花圃里的树苗，无论夏阳炙烤还是寒风凛冽，她都始终呵护着每一棵幼苗的健康成长。

有人说，课堂是一种生长，不只是教师用生命点燃儿童的过程，还是生命互动的积极过程。

在观看上海市敬业初级中学一堂校内汇报语文课《"诺曼底"号遇难记》时，刘玲被讲课的老师"惊"到了。不是老师的情绪有多么激动，也不是学生的配合有多么默契，相反，这位年轻的女老师很沉着、很文雅、很安静，连读文段都是娓娓道来的语气，40分钟的课堂，没有一次歇斯底里或是情绪高昂；学生们的反应也丝毫没有作秀的成分。个别孩子读得不通顺，甚至有些字读错了，尽管这样，老师却告诉孩子们："当别人在读的过程当中，如果你发现他读错了，请不要打断他，等他读完后我们再订正，要不然他会很慌张。"一句话就体现了老师对孩子的尊重，更教会了其他孩子要善于换位思考。

下课铃响了，老师又布置了一个很小的作业，虽然是从小处入手，却巧妙地成为了她下一堂课的突破口。就是这样一堂看似平淡无奇的汇报课，没有花哨的环节，没有作秀的语言，没有提前设置好的套路，一切引导、思考、讨论和表达都是悄无声息的，这是一种状态，更是一种文化。

刘玲在"影子论坛"中曾经这样说道：课堂中的学习，并不只是知识的流动，还应是情感的流动；不只是效率和竞争，更多的是思考和合作。师生、生生之间的互动合作，构成了课堂永恒的张力。我们应该让孩子在课堂上学会思考，学会有品质地思考。在课堂上给他们以心灵的自由，给他们以灵魂的自由，只有这样方能寻到教育之真谛，才能完成为人师者的真正使命。

在受邀到上海市市八初级中学参加主题为"寓德于知，健康生活"黄浦区德育骨干教师研修组交流活动时，刘玲观摩了一堂由该校科学老师执教的《燃烧与灭火》科学课。课上，老师用了理论与实验相结合的方式教学，将孩子分为四组，各组准备蜡烛、抹布、烧杯、水、剪刀、木条，然后小组动手点燃与灭火。老师讲了可燃物、氧气、一定的温度这三要素在燃烧及灭火中的关系。接下来，老师让孩子在做实验的过程中由小组同学提出方案，并用自己的语言阐述这样做的原理、小组方案是为了体现哪一个要素等。这让刘玲发现了这堂课的可贵之处：在课堂上训练孩子的高阶思维并不是每一个老师都能做到的，但却是可以让每个老师都加以学习的。

在学员研修周记里，刘玲总结道："核心素养和学科教学的有效融合、与核心素养中的小点相匹配，体现了生存技能、生活技能，以及我们的知识都是从理论中来，到实践中去，再上升为理论的。核心素养要落地，要贯穿孩子的一生。我们总是觉得这样的一些理论高大上，离我们很远，和我们没有关系，其实不然，教育就是为了用我们的教学来实践这些理念。"

教育新理念、新思想
在这里酿芽、开花、长成参天大树

刘玲收获过许多荣誉和表彰：优秀共产党员、教学基本功大赛一等奖、教师教学基本功大赛二等奖、教师专业成长一等奖、骨干教师、优秀教师……作为一名人民教师，刘玲对这份工作倾注了自己的全部心血和热情，视之为自己可以为之奉献一生的伟大事业。

刘玲喜欢这份教师职业，喜欢把她的学生叫作"孩子们"。为了她的孩子们能够接受最好的教育，她从未停下过学习的脚步。白天，她把自己的热情泼洒在三尺讲台上；晚上，她又一头扎进书本里。从进修大专到专升本，刘玲不仅是在提升个人的素养，更是让自己身为一名教师的身份更有说服力。对于工作和学习，她总是很较真。

2012 年，刘玲走上领导岗位，这是和教师完全不一样的一种体验。副校长、校长，她身上的担子越来越重，但她的热情却丝毫不减当年。凭借着一股不服输的劲头，她带领全体教职工励精图治，制定更加符合中学生身心特点的规章制度，在强调制度实效性的前提下更具人情味。经过大家的共同努力，整个遵义航天中学的面貌焕然一新，学校的口碑也一跃而上，刘玲的个人价值也因为航中的再次腾飞而得到体现。

如何让每个孩子成就更好的自己？如何让教育成为一段温暖的旅程？这些是刘玲一直追求的，她也为之苦苦求索。在上海的培训中，她找到了答案。

在"向美而立 载梦远航"——上海实验学校艺术节闭幕式暨建校三十年校庆日，刘玲走进了这所"护长容短""让每一个孩子成为与众不同的自己"的学校。学校"30年周年校庆——老物什、老照片展"上，一张张照片、一套套校服、一样样老物什让刘玲惊叹。这个展厅的序和结语都是出自高二（3）班徐嘉钰同学之手，"三十年前路遇一出云遮月，三十年后走马，又逢雪打灯"的美妙文笔，成功地把文字变成了校园文化展出的一部分。

最让刘玲惊喜的是学校将全校每一位老师和每一位同学的侧影组成了一面照片墙，老师照片与学生照片混为一体，同时凸显出学校"SES"（上海实验学校的英文简称）的文化符号。这让刘玲不由得反思起自己的校园文化：当励志的名言警句在墙上鼓舞孩子们的时候，这些是否真正走进过孩子们的内心世界呢？与其一厢情愿地把一些文化知识被动地塞给孩子们，不如去探索一些更有趣、更个性、更让孩子们喜欢的方式和东西，真正地把校园变得有温度，有了温度才会因为情感的依托充满故事性和人情味。

上海之旅中，刘玲发现，学校与学生最紧密的联系就是课程。每一所学校都应该有自己的课程体系、课程哲学。航中的课程体系就是落实核心素养、延伸学科内涵，比如，语文作业作品化，字词抄写、古诗默写书法化，每逢佳节小报化，名著心得作品化，从作文到作品要不断提升作品的内涵，将学生的语文素养与人生信仰相结合。

这段"影子校长"的学习经历也让刘玲对校园文化建设有了更深刻的认知，在选择标语或者制作照片墙的时候可以遵从孩子们的喜好，选择他们喜闻乐见的动漫卡通形象，因为教育不一定要时刻严肃；除了静态标语，还可以通过主题班会、科普知识问答、校园广播、主题绘画、演讲比赛、微信公众号宣传等线上线下相结合的方式，让校园文化建设不再被动输出，而是让孩子们建言献策，积极参与，把校园文化氛围变得更活泼，使校园变成温馨的家。

校长发挥"领头羊"作用，
以教师队伍建设促进办学质量提升

人生的奋斗目标不需要很大，只要认准了一件事情，投入兴趣与热情坚持去做，你就会成功。作为一名女校长，刘玲身上有着难得的果敢和坚韧。正像有人曾经说过的，其实成功的道路并不拥挤，因为真正愿意去付出的人很少，越是成功者越能被现实激励着前进。

在上海学习期间，按照上海市师资培训中心和挂职学校的相关安排，刘玲和其他学员参与考察学校、素能拓展、学校行政会、教职工大会、教研组长会、班主任会、家长会、教研活动、听课活动、学校德育活动、复旦大学导师计划讲座等，还自发组织参与了"影子论坛"、班级研学考察等，可谓从风暴式的理论学习到浸润无声的跟岗锻炼，从思维火花的碰撞到内生发展，从懵懂的感悟到聚焦的探讨，从资源的共享到思想的共鸣，从盲目学习到主动走访学习补足短板，从大上海的教育理念与做法逐渐链接到各自区域或学校教育的落地思索，堪称一次全面而深刻的自我革新。

刘玲像海绵一样地吸收着知识和信息，异常珍惜这次来之不易的学习机会。

刘玲的父母都是面朝黄土背朝天的农民。在他们的世界里，有着"该播种就要播种，该收获就得收获"的倔强，在对待子女教育方面也是如此。刘玲回忆道，她就像田地里的庄稼，堤埂上的树苗，该"修剪"的时候父母会毫不留情地"修剪"，任何时候犯了错误都要勇于承担。父母传递给刘玲的信息就是不要妄想天上会掉馅饼，即便掉了也不一定正好掉在你的手里，你只有自强不息才能茁壮成长，才能抵挡住风雨，结出果实。

虽然刘玲是个女孩子，但父母对她毫不娇纵，而是要求更加严格。刘玲小时候经常跟父母一起下地，因为亲身体验过，刘玲比谁都能更加真切地感知一颗粮食从播种到收获有多么不容易——那是由父亲背后无数次暴晒过后脱下的皮，由母亲手臂上被秧苗擦出的数不清的小疙瘩，由小小的她额头上流淌的一滴又一滴的晶莹汗滴共同构成的回忆。那时候可能过多的是抱怨、委屈，是对父母不把自己当成小公主一样宠着的不理解，而时至今日，这些都是刘玲的人生财富，"不怕苦，吃得了苦又能吃苦"的家风就这样流淌在刘玲的血液里。

无论过去还是现在，刘玲始终铭记着父亲曾经对自己说过的话："虽然大家觉得在家里不应该对女孩的要求太高，但现实社会对女孩同样苛刻，并不会因为你是女孩就善待你。只有你自己的翅膀硬了，才能飞向自己想要的未来。"

这样的教诲，一直指引着这个出身平凡的女孩走向教书育人的征途。

在将求学所得运用于学校改革的过程中，刘玲大胆提出了遵义航天中学学生发展的五大核心素养，即身心健康、善于沟通、文明高雅、学会创新、家国情怀。

刘玲希望她的学生在接受教育的过程中，充分利用个人的主观能动性去获取想要获取的知识，求得想要知道的答案；通过学校文化的熏陶和教师的点拨与引领，让学生具有自我组织、自我进化、自我完善、自我构建、自我发展的能力，具有独特个性及完整的集成智慧体系。而要想达成这一教学目标，则需要校长、教师、学生共同发力，通过深化德育教育给学生构建健康的世界观、人生观和价值观，让学生在和谐友爱的校园文化氛围内茁壮成长。

对于刘玲而言，这次上海的求索悟道之旅，让她学会了思考，学会了成熟地思考，细致周密地思考；也收获了理念，收获了以学生发展为本的理念，落实"让学生健康快乐成长"为核心的理念；更改变了思想，让她意识到上海大多数学校把所有的学生都当作人才来培育，把重点放在了利用学校资源培养"人"上，一心一意谋学生发展，这样的学校才是有希望和未来的学校。

目前的航中需要通过教学驱动来带动学校深层次内涵发展，立足遵义教育，推行真正的课堂改革。当前的课堂教学重点不再是教给学生多少知识，而在于教会学生怎样学习，在于培养和发展学生的思维能力，让学生学会思考、判断与表达，这比学到了具体知识更重要；立足学校实际，要关注理科教学，重视培养孩子的高阶思维和创新能力；立足学生实际，组织 DIY 手工、科技社团等，注重活动的教育意义，让学生学得更丰富、更开心。

在刘玲的变革理念中，一所学校想要长期发展就必须关注学校质量，关注教师质量。没有教师质量的提升，就很难有教育质量的提升；没有教师的主动发展，就很难有学生的主动发展；没有教师的教育创造，就很难有学生的创造发展。

为了促进教师队伍的发展，刘玲制定了一套相对完备的教师校本研修制度，还制定了航天中学教师校本专业发展计划，对不同阶段的教师进行相应的有计划的培训。特别是新入职教师，学校制定了相应的培训计划，让其更好、更快地融入团队，站稳讲台。同时把课题研究作为促进教师专业化发展的有效途径，用课题来引领和带动学校各块工作，助推教师快速成长。

在新课程改革的背景下，刘玲还努力探寻各种途径来提升教师的业务水平和执教能力，倡导教师备课要有立意、上课要有创意、评课要有诚意、课堂要有诗意；通过营造氛围、搭建平台、细化要求、不断实践来促进教师的专业发展，切实让航中成为既是培养学生的地方，也是成就教师专业发展的场所。

无疑，这样的启发是一次学习之旅的收获，更是一段实践求新的序章。在上海的每一天都是呼吸崭新空气的一天，汲取养分知识的一天，积累先进经验的一天。这些细细密密的知识、思想和理念像种子一样悄无声息地种在刘玲的心里，总会有酿芽、开花、最终长成参天大树的那一天。

在作为嘉宾参观南洋中学的时候，刘玲早上急匆匆地从酒店赶到她并不熟悉的上海市教育科学研究院实验小学五楼的会场。在等待的过程中，大家都在各自拍着会场内珍贵的资料照片，视线相交，都会彼此微微一笑。冷不丁，邻座的一位姐姐模样的温婉女老师主动和刘玲搭话了："看，你在别人的相机里了。我的一个朋友拍的，刚发在朋友圈了。"

惊诧于成为了别人眼中的风景，刘玲有几分愣神。摄影者给了刘玲的侧脸一个特写。看到照片中的自己正拿着手机专注地拍着会场墙面上的文字，刘玲嘴角不自觉地向上扬起。面对女老师真实、坦诚的夸赞，刘玲深感自己收获了一份温暖的惊喜。

在这个大变革、大发展的新时代，教育也被赋予了新的时代意义，也给予了每一名有志向的教育人广阔的舞台。从获得知识到改变命运，从充实自我到浸润人生，从脱贫攻坚到乡村振兴，时代的浪潮需要教育人不断探寻新的答案。相信刘玲已经在这条赶考的路上，做着充分的准备，必定会交出漂亮的答卷。

薪火相传　弦歌不辍

——贵州绥阳中学李黔粤的故事

　　成为一名人民教师，对李黔粤而言是水到渠成的选择。因为她从小看着作为教师的父亲是如何为人师表，又是如何受学生敬爱的。这份职业对她来说是带着光环的。

　　如今回头再问李黔粤："如果可以重来，你仍然会义无反顾选择成为一名乡村教师吗？"她的心头百感交集，湿润的眼眶里满是复杂的情绪。

　　对工作，她拼尽全力却也曾备受质疑；对学生，她事无巨细地亲力亲为，却无力阻挡生源的流失；对家庭，她深深亏欠，甚至没能见到母亲最后一面。

　　不过李黔粤眼里的光始终不曾暗淡，因为她时常想起那个家徒四壁险些辍学的孩子在自己的帮助下进入重点大学，她想起一批又一批的孩子，走出大山，迎接属于他们的无限宽广的天地。

　　这位学生口中的"粤姐"，感受到自己的灼灼初心："我本柔弱，为师则刚。无论如何我都会坚定地选择成为一名光荣的乡村教师。"

长大后，我成了你

　　绥阳，地处贵州黔北腹地大娄山脉中段，秀丽的芙蓉江发源于此，喀斯特地貌尤为显著，奇峰异洞众多。这个有着洞林秘境、翡翠山水的诗画之地，就是李黔粤的家乡。

不过，在李黔粤的童年记忆里，比起无双的风景，印象最深刻的还是自己的父亲。

李黔粤的父亲是绥阳儒溪小学的一名数学教师。他右手小指有残疾，但仍然写着一手漂亮的粉笔字。

"如果在做父亲的女儿与做父亲的学生之间选择，我一定会选择做父亲的学生。"李黔粤读小学时和父亲在同一所学校，却从未受到优待。在旁人印象中儒雅温和的李老师，对她而言只是一个严厉的父亲——别的孩子可以爬到父亲的肩上，唯独自己不能；别的孩子可以跟父亲嬉笑打闹，唯独自己不能。她总是远远地观望，悄悄地羡慕。每当遇到较难的数学题需要向父亲请教时，她总是战战兢兢地来到父亲的身边，却被父亲一脸严肃地指责："这么简单的题，你都不会！"而父亲却又极其耐心地给别的学生解答问题。李黔粤的心里有一些落差，但是她也被父亲与学生之间深厚的师生情所感染。每当看到父亲的学生不论毕业多久，都要回来看望他，与他亲切地交流，感恩他的培育时，李黔粤小小的心里冒出一个念头：原来成为一名教师是如此有成就感的一件事。

在那个年代，许多偏远的农村地区师资十分匮乏，电视里经常会出现贫困山区的孩子渴望求学的期盼眼神，李黔粤每每看到他们便想到了自己。她更加确认，父亲的工作播撒知识、传递希望，是一份神圣的职业。她暗暗下决心：长大后，我要成为你。

不仅这么想，小小的李黔粤还这么做了。别的小朋友玩过家家时，李黔粤却有模有样地上起了课。只要一放学，她便叫来左邻右舍的小伙伴来听她上课。她用从教室里捡来的粉笔头，模仿着父亲的样子，在自家院子的土墙上写上歪歪扭扭的唐诗，画上大大小小的数字。她讲着方言味十足的普通话，讲一会儿还专门停下来让小伙伴们做游戏。

苔花如米小，也学牡丹开。

2005 年，李黔粤从遵义师范学院毕业后，如愿踏上了教师岗位。从教 16 年来，她兢兢业业，刻苦钻研，先后在绥阳县郑场中学、儒溪中学、绥阳中学任教。凭借着自己的勤奋与努力，她所带班级多次被评为县级优秀班集体，她自己也多次获先进教学管理者、优秀教师、骨干教师称号。

逐渐从一线教师走上管理岗位的李黔粤，依旧没有脱离一线教学，今年她又带高三。面对繁复的行政工作与巨大的升学压力，她常常想起父亲的粉笔字。困难又如何？仍然要迎难而上，做出漂亮的成绩。

如今的李黔粤，早已可骄傲地说一句，"长大后，我已经成为了你"。

我在奉献着，也被治愈着

成为教师的那些岁月里，李黔粤始终牢记的第一条是为人师表，严格要求自己。她全身心地投入工作，教学、考评、思考、开拓……直到 2017 年 8 月 1 日，李黔粤从教的第 12 年，也是她刚从一线教师步入学校中层的第一年，作为新提拔的教科主任，她需要赶紧上手和推进新的教学工作。为了不辜负学校领导的信任，她经常熬夜加班，分秒必争。

那晚，李黔粤在开车回家途中，出了车祸。

在救护车声、警车声和不停闪烁的警灯构成的一片混乱中，李黔粤被扶下了车，万幸的是除了刚买不久的车被撞变了形外，人只受了一点皮外伤。

"在被撞的那一瞬间我脑子里一片空白，等缓过神来，我又问自己，这样耗自己，到底值得吗？"李黔粤一度情绪低落。学生在得知

"粤姐"经历了如此惊险的一幕后，常常跑到她的办公室来安慰她：一颗小糖果、一片金嗓子、一包胖大海……学生们把对她的爱堆满了办公桌；甚至在办公室找不到她的时候，就跑到她的车旁蹲点。李黔粤虽然仍心有余悸，但在学生的温暖下，慢慢走出了情绪的阴霾。

然而命运最沉重的一击，却紧随其后。

2018 年 8 月 2 日，李黔粤已在学校连续加班三天，突然接到奶奶打来的电话，她被告知，如果现在能赶回来，或许还能见上母亲最后一面。因为学校在乡镇，离父母家还有一段车程，李黔粤紧赶慢赶，最终还是没能见上自己深爱的母亲的最后一面。

"这是我人生中最为遗憾的一件事。"

李黔粤每当想到，在母亲临走前未能陪她说上一句话，未能陪她走完人生的最后一程，都感到痛彻心扉。她无数次在梦里、在母亲的坟头落泪、忏悔。萦绕在心里的内疚与自责，让她又陷入了极度的矛盾和挣扎——为人子女、为人妻、为人母，自己到底合格吗？或许自己更适合做一名普通的教师。正当她打算放弃学校管理岗位时，学校领导和同事得知她母亲离世的消息，纷纷赶往她的老家与她一起携手料理老人的后事。李黔粤看到同事忙前忙后的身影，泪水再次模糊了双眼。她决定化悲痛为力量，整装再出发。

教师是一份无法衡量值不值得的职业，付出与收获的天平究竟沉向哪一边，在李黔粤选择忍住恐惧与伤痛、毅然前行的那一刻，她已经给出了答案。她倾心付出着，也被这条道路上可爱的人们用心治愈着。

求学路上，一个也不能少

比起严格要求自己，严格要求学生要困难许多。不过李黔粤最不怕的，就是困难。何况她的诸多努力，本就是为了学生。听到任何一个孩子要放弃学业，她的答案永远是"不行"。

绥阳是一个春季多阴雨低温，盛夏多伏旱和洪涝的地方。这里的居民，年轻力壮一些的几乎都去了外省务工，体力差些的，就种着几分薄田靠天吃饭。对这样家庭的孩子来说，能顺利完成高中学业，是件奢侈的事。

"我们山区的孩子因为先天资源不足，在发展的过程中很受限。很多孩子因为家庭条件不允许而被迫放弃上学，这很可惜。"面对相对落后的经济条件，许多孩子不得不因为家境贫困而辍学的事实，李黔粤经常感到力不从心。

她回忆起在她带的 2015 级的学生中，有一个来自偏远山区的女孩，她的父母都是残疾人，除了一点低保，没有额外的经济收入。家中三个孩子，姐姐早已辍学外出打工，她和弟弟都在上中学，迫于家庭压力，她不得不中途辍学务工。李黔粤得知后，跋山涉水，上门劝学；尽全力通过学校的帮扶政策为女孩减免了学费，并牵头发动任课教师为她凑够每个月的生活费。女孩就是在这样的帮助下，度过了高二、高三最艰难的时刻。令人欣慰的是，女孩最终也不负众望，破纪录地上了一本线，创造了儒溪中学文科高考的奇迹。

每年高考分数线出来后，都是几家欢喜几家愁。对女孩的家庭来说，考上大学是绝对令人发愁的。学费就像石头一样沉甸甸地压在心头，举全家之力，一年不吃不喝也很难凑够学费。考虑到家庭的具体情况，女孩放弃了到东部沿海城市求学的机会，报考了省内的贵州大学，但每学期的学费也将近 6000 元。为了让女孩能安心上学，李黔粤利用自己的资源找到当地镇上乡村振兴产业园的一位老板，请求他资助女孩。这位企业家也十分乐意帮忙，一直资助女孩到现在。女孩利用寒暑假打工赚钱，农忙的时候就回家帮忙务农。

今年，女孩已经大四了。她在给李黔粤的信中多次感谢老师们的帮助，并希望自己毕业后也能像自己的李老师那样回乡村教学，帮助更多的孩子。

为了做到上学路上一个也不能少，李黔粤所在的学校提前对偏远山区、留守儿童、单亲家庭、精准扶贫建档的学生进行了全面的摸排统计，并通过家访及时跟进这些学生的上学情况。虽然李黔粤知道这只是杯水车薪，但她仍然坚定不移："我的力量虽然微弱，但我会尽我所能，团结更多人加入帮助他们的行列中。改变一点是一点，我相信会越来越好。"

事实上，在西部乡村，李黔粤这样的教师数不胜数。他们在学生家庭陷入困境的时候积极伸出援手，关心其生活、关注其情绪，默默地撑起一个个学生在遭遇苦难时的天空。因为他们深知，对于一个孩子来说，青春成长会面对很多疼痛，但爱不能缺席。让学生在学校教育中感受爱，从爱中生发出延绵不断的力量和勇气，是大多数教师对陶行知先生提出的"捧着一颗心来，不带半根草去"的最高礼赞。

一腔热情，一筹莫展

"眼看着他们直接把我们的孩子和家长用大巴车一车一车地接走，我是又心疼又着急。"

协助学校解决完辍学生的问题后，李黔粤刚松了一口气，可新的问题又来了。绥阳县城距离遵义市区仅30多分钟的车程，每年绥阳县优秀的小学和初中毕业生有百分之八十以上全都流失到市区。"全县的前200名，绥阳中学只能留下30个左右的孩子。生源的严重流失直接说明了一个很重要的问题，家长对我们不放心。"于是，办一所家门口让老百姓放心的好学校就成了李黔粤所在的学校下一步的目标。

可怎样才能让家长放心？升学率？口碑？管理模式？家校关系？……从学校层面到教师层面都意识到，再不改革就真的要"穷途末路"了。可改革从哪里开始？如何改？要达到什么样的效果？这又是一堆摆在面前亟待解决的难题。面对学校评价方式的单一、育人文化的缺失和想帮助更多贫困家庭的孩子实现人生价值的教育初心，李黔粤发现自己除了一腔热情外，对面临的问题既没有先进的教育理念，又没有科学的方法。

正当她感到焦虑、无路可寻之时，2019年3月，经学校领导和县教育局举荐，李黔粤得到了参加由上海市师资培训中心举办的遵义市第三期"影子校长"培训项目学习的机会，她迅速交接好学校的工作，安排好家里的大小事宜，飞往了距离绥阳县约1800公里的上海。

"没来上海以前，我真的很土。"

李黔粤定义自己的"土"不是外在的穿搭谈吐，而是教育观念的落后与教学方法的贫瘠。

上海，为职业生涯打开一扇窗

"以前，我只听过德智体美劳五育并举这句话，不知道其真正的内涵。就连我们自己管理层都不知道学校文化是什么，育人目标是什么，我们也不知道要怎样才能走出一条有本校特色的发展之路。"李黔粤说。

来到上海后，李黔粤开始思考："我是谁？我来这里干吗？我将带回去什么？我怎样才能做到？"

带着这些问题，她进入了紧锣密鼓的培训之中。上海市师资培训中心为"影子校长"们提供了理论讲授类课程、跟岗实践类课程以及课题研修类活动等形式多样、内容丰富的培训项目。李黔粤先是通过专家讲座了解了校长的信念素养和专业职责，紧接着就到基地学校进行跟岗锻炼。她跟岗锻炼的学校是同济大学第二附属中学。该校临靠美丽的苏州河，在2014年入选上海市首批特色高中项目学校。李黔粤跟着同二附中的陆杰校长对创新人才队伍的建设和管理团队的建设进行了学习。

跟岗期间，李黔粤深入调研，在同二附中诸位领导与上海市师资培训中心众导师的帮助下，带领正处于遵义教育综合改革和教育转型发展期的绥阳县儒溪中学抓住宝贵机遇，立足办学传统和现实基础，提出"创建遵义市艺旅特色高中"的奋斗目标，建设"STEAM"人文课程群，构建了"文理涵养、艺旅成才"的育人模式，起草完成了"构建艺旅课程 创建特色高中——遵义市绥阳县儒溪中学艺旅特色高中"规划方案，积极探索出了一条艺旅高中的特色化发展之路。

"上海的教育资源是真的很丰富！"但是，李黔粤也深刻地明白上海教育的"一流"，首先是教育思想的"一流"和人的教育观念现代化。上海的教育注重对学生创新精神和实践能力的培养，也高度重视教师队伍的建设。"上海的教师们对自我专业发展的要求很高，注重科研，也很严谨。"李黔粤发现上海的教师一整天都是紧锣密鼓的安排，中午很少午休，而是在办公室辅导学生或者交流工作，她被这里的工作氛围所感染。

在这一年的培训中，李黔粤争分夺秒，不放过每一次学习机会，她抛弃脑海中原有的陈旧思想，敞开胸怀，让自己像一块干海绵一样，充分地吸收来自四面八方的知识。她先后参加了第一届"上海·塔州教育论坛——STEM 教育研究与实践""中小学教材建设与实施"报告会、"从 STEM 理念到 PBL 行动的教育建构"等 20 多场高端论坛和 100 多场生动报告，还对 30 多所名校进行了实地考察。谈到培训期间印象最深刻的一件事，她说当属国家督学、中国教育学会副会长、上海市格致中学原校长张志敏做的《聚焦创新力培育的育人方式变革》主题演讲。在这次演讲中，张志敏校长提到，创新力是育人过程中最核心的素养，是面向未来的素养；当我们的老师只传授知识的时候，你将要被智能机器人所取代，因为我们的教育不仅仅是传授知识，我们要更多地关注立德树人。

李黔粤被彻底击中了。她在这场讲座中对立德树人的使命有了更清晰、更深刻的理解，也更加坚定了自己的职业信念。

"创新育人方式"这六个字，在她的脑子里反复回荡。把上海最前沿的教育理念带回遵义的强烈愿望，就像挤破水管的水，横冲直撞了出来。

学习成果落地，吹进一缕春风

从上海一回到绥阳，李黔粤的工作就发生了调整和变化。她受命到绥阳中学任复评办办公室主任和校办副主任，主要参与绥阳中学省级二类示范性高中的复评保类工作与学校育人文化的建设。

在上海跟岗与观摩期间，李黔粤每到一所学校都会仔细留意该校的育人文化。一块微小的路标、一处精致的景观、一段简洁的寄语，学校文化在时时处处浸润学生。她一边观察，一边记录，不断思考，不断深化。

终于，她回来了。也是时候该为培养她的遵义市教育系统做一点事情了。

回到绥阳的工作岗位后，李黔粤发现自己的学校"很空"。四下望去，除了校名几个简单的大字外，校园建筑、道路、景观等都尚未达到使用、审美、教育功能的和谐统一。于是，在绥阳中学"立报国之志 做雅博之人"的育人目标下，由校领导主导，她协助提出了"雅行"的概念，设计了社会主义核心价值观培育"每一"系列微课堂等雅博绥中一体化德育体系，规划了"雅博墙""雅师园"等育人文化场所。

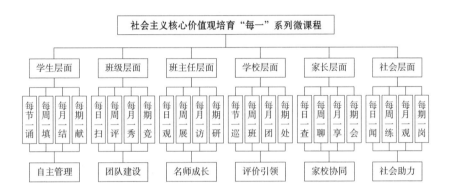

苏霍姆林斯基说过："不能把小孩子的精神世界变成单纯学习知识。如果我们力求使儿童的全部精神力量都专注到功课上去，他的生活就会变得不堪忍受。他不仅应该是一个学生，而且首先应该是一个有多方面兴趣、要求和愿望的人。"这一点对于中学生来说更为重要。绥阳中学提出的"雅博"精神，就是试图让学生在一种理想主义中寻找精神力量，使自己的希望和梦想达到高尚的境界。为学生精神力的培养、价值观的塑造、学习力的提升，提供涵养生命的丰富精神力量。

除了德育，李黔粤还要在最核心的课程上下功夫。这时她又拿出了那股韧劲，"我的能力有限，但我个人做不到的，借平台我也要做到"。

新课程改革倡导学生合作学习的同时，还提倡教师的合作探究，形成研讨氛围，发挥团队优势，让集体智慧发光。李黔粤在上海接触到了集体备课，她发现集体备课作为教师合作研讨的一种有效形式，是大面积提高课堂教学效益的有效途径。

于是，回到儒溪中学后，她向领导介绍并提出了要借鉴上海的集体备课形式来提升教师的教育教学能力，促进教师的专业化发展。在校领导的支持下，根据学校的实际情况率先推行了同学科的集体备课。但在一开始的推行中，就遭遇了巨大阻力。一方面的阻力源自管理层自身，因为是第一次推行集体备课，大到整体布局，小到基础的教研模板和格式都要亲自去一步一步地精细化设计，困难很多；另一方面的阻力，也是最大的阻力，源自教师的抵触情绪，从教研组长到一线教师，大部分教师认为这是学校给加的额外"负担"，从策划到组织，再到协调落实，没人愿意主动承担任务。不仅如此，一些非常敬业的教师也常常跑到李黔粤的办公室抱怨，许多教师只愿享受教研成果，却不愿主动参与进来贡献智慧。

面对教师时间不好协调、教师的积极性与教学能力参差不齐、工作相互推诿等情况，李黔粤先是安抚老师们的抵触情绪，并与老师们分享她在上海看到的集体备课对教师专业发展的好处；同时，又想方设法协调统一教研时间。为了调出统一的教研时间，学期课表前后进行了三次大的改动；然后她又征求各方意见，最终在校领导的指示下，通过个人工作量化积分、绩效奖励、职称评定考核等形式来正向推动。渐渐地，老师们在集体备课中感受到这个形式可以充分发挥教师的群体智慧，使教师个体在研究交流中产生思想碰撞，可以实现用集体的智慧来解决教育教学中出现的、容易被忽视的教学细节问题，解决个人力量无法解决的疑难问题，大家便逐步接受和主动参与进来。目前，全县高中同学科的集体备课在绥阳中学铺开，已经成为常规教研活动。

"我们县、校领导都十分重视教育的发展，只要是能促进整体教育发展的措施，他们都会牵头进行规划部署。"在县教育局与校领导的支持下，绥阳中学逐渐孵化出了包含集体备课、跑操、阅读、书写、家访和礼仪在内的雅博绥中"一重点五工程"成果，并在学校举办了大型的现场观摩活动，取得了很好的反响。

此外，绥阳中学探索出"1+1+N"的党建模式：1名党员领导加1名党员教师去包保①一个班，该班里有N个学生，学校以培育优秀团员为契机，来带动引领整个班的成长。对于提升教学质量，还设置了分年级的包保制度，高一高二年级由该班级的任课教师组成导师团，每位教师会被平均分到本班的几个学生，对其重点帮扶，不仅要关注帮扶对象的学习状况，还要对他们的身心健康、未来生涯做规划指导。在这个制度下，重点对留守学生、单亲家庭的学生进行关注。高三采用跨班级的交叉包保制度，以利于各科教师的跨学科合作。学校还实行了有效的监督和奖励机制。包保制度让绥阳中学一本临界生的转化率从前几年的不足30%，提升到现在的50%。

从校园环境到课程改革，从一盘散沙到齐心协力，李黔粤从上海学到的经验终于落到了绥阳的地上。与其说这是她"新官上任的三把火"，不如说这是吹向绥阳教育系统的一缕春风，开启了全新的思路和征程。

---

① 包保，是指每位教师负责10至15名学生，重点关注贫困生、学困生、问题生、单亲学生和留守学生。教师与包保学生之间建立联系卡，全面关爱学生的学习和人身安全。

绥阳的绿树青山是最好的课堂

教学方式或许好学，但硬件上的落后一时半会儿难以追赶。"上海的学校，硬件设施太完备了！"参观完上海许多学校的创新实验室，李黔粤不由得感慨万千。这些耗资巨大的实验室是她不敢想的，也是乡村学校短期内很难实现的。那该怎样让乡村的孩子也开开眼界呢？

李黔粤着手在绥阳中学规划设计了综合实践活动课程，包括以"体验"为主的校园劳动、社区服务与社会实践，以信息技术为主体多学科相结合的研究性学习教学和以通用技术为主体与 STEAM 教育相结合的项目设计类课题课程。

既然身处乡村，就把这得天独厚的自然条件利用起来。经校领导同意，她就地取材，带头在校园内开设劳动课程，拟定了 2020 年绥阳中学项目化课题研究方案，明确了师生合作研究的重要性及其研究方法、思路等。可刚开头就碰了壁。

在推行的过程中，很多老师并不理解："学习就好好在教室做题好了，跑到地里开什么荒？难不成家长把自己的孩子送来读书，你却让他去种地？"最大的阻力来自班主任。于是，学校决定把劳动课程设为德育必修课，目前在高一年级试行，并把它设为校级课题，与教师职称评聘、学生综合素质评价紧密挂钩，要求青年教师一年至少做一个校级课题，必须是带着孩子们一起做。一开始，只有一位化学老师、一位生物老师和一名通用技术老师参与进来，指导孩子们怎么播种、怎么松土、怎么施肥……从松土到育苗，再到观察它的花期，再到成熟结果，孩子们逐渐知道一粒种子成长为一颗果实的艰辛；他们不仅知道了蔬菜、水果是怎样种出来的，还变得热爱劳动、珍惜粮食。

在课题进展过程中，这批"先行者"们经常拍视频到家长群，给他们看孩子们种的菜。刚开始有不少家长反对，认为活动占用了孩子的学习时间。但是通过孩子回家与家长的分享，学校多次在家长会上所做的改革思想传递，家长们在看到孩子实实在在的进步后，逐渐认识到，劳动教育课程不仅为孩子拓宽了知识眼界，调节了繁重的学习压力，还让孩子真切地感受到了劳动带来的快乐，也就变得不那么抵触了。

解决了家长的阻力，教师群体中的阻力并没有减弱。这一天，恰逢几位"先行者"蔬菜地里的豌豆苗、油菜长势喜人。李黔粤想着不如先来尝尝鲜，便带着学生采了最鲜嫩的豌豆苗、油菜心，在教工宿舍涮火锅。准备好一桌子菜后，她便按计划请来了几位神秘嘉宾来品尝菜品。她特意让学生给这几位神秘嘉宾涮了豌豆苗和油菜心，请神秘嘉宾品尝后，又让他们做点评。这几位神秘嘉宾对清甜可口的豌豆苗赞不绝口，李黔粤这才告诉他们，这就是学生在劳动课程上种出的纯天然无公害绿色蔬菜，学生们还趁机分享了自己种菜、施肥、采摘和品尝的乐趣。慢慢地，有越来越多的教师理解了李黔粤。

农村的孩子更应该感受四季的轮转、自然的魅力；绥阳的孩子也更应该深入了解自己的家乡、热爱自己的家乡。如果在这样的过程中，能给学生启发和教育，李黔粤觉得自己的所有尝试和努力都是值得的。

胸中丘壑远，未来天地宽

即使不能说历尽千帆，但也能说是见过风浪，如今的李黔粤越发从容和沉稳。她击碎了适不适合做管理层的自我质疑，也以实际行动让升职的流言蜚语消散。

回头看这一路的成长，李黔粤常常感到庆幸。

作为一名女性，她庆幸自己得到了公平对待，她的梦想被看见、被关照、被培养。

作为一名教师，她庆幸自己从未有一刻忘记自己的初心和使命，那就是让乡村的孩子有更多的出路和发展，在家门口也能获得优质的教育。

作为一个管理者，她庆幸自己的想法和实践总是能得到响应，获得信任和支持。

李黔粤唯独不提的，是这一路的汗水与泪痕，就像李黔粤的父亲从不提那不完整的手是如何练就秀美的板书。刻苦与坚韧，是李家父女一脉相承的印记，也是他们心照不宣的默契。

乡村教师的接力棒到了李黔粤手里，已经大有"雏凤清于老凤声"之势。未来，她还有更大的天地可以展翅飞翔。

美好童年建筑师

——贵州遵义民办卓越幼儿园江蓓蓓的故事

"学费这么贵?"

"这种教学方式行吗?"

"管理方式是不是太武断?"

……

各种各样的质疑曾摆在江蓓蓓面前,不过她从未退缩过一步。这个敢想敢干的女生,把每一次质疑当做挑战,把每一次挑战当做提升自己的机会。

支持她一直这么勇往直前的信念很简单——让孩子不出县城就能享受到优质的教育,让更多女性有平台实现自己的价值。

"没想到吧?其实我大学里学的是建筑,现在却做了一个幼儿园园长。"江蓓蓓的语气坦然又坚决,"是不是科班出身并不重要,只要你喜欢且热爱做一件事,你就会发现你的这种执行力和学习力一定可以突破那些短板,最后打动并影响到别人。"

成为一名民办幼儿园的园长,对于这个90后建筑学出身的女生而言,并不能算是意外,更多的是性格所致,是命运使然。

因为自己淋过雨,所以想为别人撑伞

遵义市道真仡佬族苗族自治县因汉代学者尹道真得名,位于贵州省最北部,地处黔渝之交,素有"黔蜀门屏"之称,境内"尊先贤，励后学"蔚然成风。江蓓蓓和她的父母就出生在这个文化底蕴深厚、古朴神秘的道真县。

江蓓蓓的父母都从事建筑行业，她的母亲是一个典型的女强人，她严厉的父亲也一心扑在事业上。从她有记忆以来，父母一直早出晚归，这让她的整个童年都缺少父母陪伴。

"在我的童年记忆中，爸爸总是不苟言笑，从不表扬人，也很少微笑。于是，我拼命地努力学习，处处争做最好，就是为了获得他们的认可。"在这样的自我激励下，她一路从小学、初中到高中，都是其他家长嘴里"别人家的孩子"和老师眼中的"好学生"。

一片祥和的表面下，是一些连江蓓蓓自己都没察觉的情绪在翻涌。

在父母的建议下，高中毕业时，她仍然听话地选择了建筑环境与能源应用工程专业。对这个专业，她不讨厌，也谈不上喜欢，一切都平静地持续到江蓓蓓上大二。

一次生病，江蓓蓓住进了医院。可是父母实在忙碌，根本抽不出空陪伴虚弱的女儿。独自住院的江蓓蓓突然意识到，自己不过也就是刚刚20岁的小姑娘，竟然活成了孤独等级最高的"女汉子"。翻涌的情绪排山倒海般爆发了。她感到深深的孤独，甚至心生怨怼。

直到大三偶然参加了一个青少年特训营活动，她遇到了一位老师，这位老师一下点出她看似强大实则需要被关爱的心理状态。老师与她追溯童年点滴，让她对父母的不理解逐渐释怀。

"这位老师就像光一样照亮了我。"

一颗种子在江蓓蓓心里萌芽——做一名老师，真好。

很快，毕业季到了，一心向往大城市的她，求职简历被上海的一家建筑公司看中。正当她在选择去往上海还是留在家乡道真县时，母亲跟她聊了聊自己的"心事"。江蓓蓓的母亲上高中的时候，因为家境贫苦，没能如愿读大学，便在很年轻的时候就出来经商了。母亲吃了许多苦，但读书一直是她内心的愿望，现在有了一些积蓄，她希望能为家乡的教育做一点贡献。

江蓓蓓想起了那颗"种子"，母女俩一拍即合，决定在家乡办一所高质量的幼儿园。

何谓"高质量"？江蓓蓓想打造的是一所怎样的幼儿园？从一开始，江蓓蓓就明确了立园之本——爱。

因为爱与陪伴的缺失，江蓓蓓在应该成为一个无忧无虑的儿童的时候，成为了一个小大人，与之相伴的坚强与隐忍，都是天性受到压抑留下的痕迹。她深刻地意识到一个人的发展跟自己的童年与原生家庭有巨大的关联，她也深刻地明白一个人只有自己先拥有了足够多的爱，才能够有能力去爱更多的人。所以她在一开始就将办园的愿景定为"幸福卓悦，超越自我"。她希望在幼儿园这个环境里陪伴每一个孩子健康幸福地成长，感受爱、学会爱，并在爱的赋能下超越自我，飞得更高。

引入全新教育方式，以教育成果击破质疑

江蓓蓓深知办一所高质量幼儿园所肩负的重任，每一步她都慎之又慎、力求完美。经过一遍遍的学习、思考、请教、调研，在幼儿园最核心的教学方法上，她大胆地选择了蒙台梭利教学法。

1907 年，意大利女教育家蒙台梭利在罗马贫民区建立"儿童之家"，招收三到六岁的儿童加以教育。她运用自己独创的方法进行教学，出现了惊人的效果：那些普通的、贫寒的儿童，几年后，心智发生了巨大的转变，一个个被培养成了聪明自信、生机勃勃的少年

英才。蒙台梭利认为，学校应该成为孩子自由自在生活的地方，孩子既能在这里享受内在发育方面潜在的和精神上的自由，又可以使自身在生理、机体活动上找到"成长和发育的最好条件"。这种以儿童为中心、反对以成人为本位的教育观深深吸引了江蓓蓓。

"这是一种真正尊重生命的教育，与我小时候接受的那种教育是完全不一样的，也是我心里一直期待的教育。"

在深入了解蒙氏教育的过程中，江蓓蓓还发现了20世纪初蒙台梭利创建了第一所"儿童之家"之后提出的混龄教育也具有很高的认可度。

混龄教育是一种将三到六岁年龄段的幼儿组织在一起学习、生活、游戏，以促进幼儿的认知、情感和社会性等方面发展的教育组织形式。

江蓓蓓通过调研发现，目前大部分孩子依旧是独生子女，享受着家里人所有的爱，缺少相互体贴、相互照顾的经历，缺少与同伴交流的机会。随着年龄的增长，容易出现集体意识薄弱、事事都以自我为中心、同伴交往能力差等性格问题。而混龄教育作为一种特殊的教育组织形式，可以弥补现在独生子女没有兄弟姐妹一起生活的不足，有利于促进幼儿良好的社会交往能力。目前，随着三孩政策的全面开放，怎样才能让老大、老二与老三更和谐地相处，也是许多家庭亟待解决的问题。

江蓓蓓说，混龄教育能实现"大带小"的模式，年龄大的幼儿的正面行为可以为年龄小的幼儿提供良好的榜样，在情感交流中可以帮年龄小的幼儿逐渐克服他们的消极情绪。此外，在混龄班级中，年龄大的孩子为年龄小的孩子提供了"最近发展区"，年幼的孩子在混龄班中智力、语言都能得到一定的发展，可促进幼儿良好社会性品质的形成。

江蓓蓓大胆地选择蒙台梭利教学法与混龄教育，既是一种胆识，更是一种眼界和格局。但因为蒙氏教育的投入成本比较大、学费相对较高、家长的认知度不高等问题，让她在一推出蒙氏教育时，就遭受到巨大的质疑。

于是，江蓓蓓带领团队用地推与线上宣传相结合的方式大力招生，吸引家长来园亲自体验，许多家长抱着不妨听听看的心态，参加了她们的观摩课。在观摩课上，家长了解了老师的授课方式，知道了卓越幼儿园与传统园的区别，明白了蒙氏教育和混龄教育的办学特色。一番亲自感受后，许多家长选择把孩子送到这里来试试。

2017年9月，遵义市道真卓越幼儿园开园了，六个班，合计180人。

学生招满了，该如何继续取得家长的信任？

这一年，卓越幼儿园相继推出一系列体验式活动，深得孩子和家长的认可。

"我们的活动丰富且独特，都是别人没有的。"

在母亲节来临之际，幼儿园为了让孩子们体验当妈妈的艰辛，推出了"孕妈妈"活动——让孩子们每人从家里带一个生鸡蛋，并把鸡蛋用枕头包好放在肚子的位置，携带一整天。一天活动结束后，许多孩子都分享说，他们深刻地体会到妈妈十月怀胎的艰辛，认识到妈妈的伟大。孩子们回家也向妈妈发自内心地表达了感恩之情。

与此同时，幼儿园还推出"周一分享会"：每周一所有的孩子都会对一个话题进行分享。一年后，家长发现孩子的语言表达能力和胆量都有很大的进步。

像这样以孩子成长为重心的活动，不胜枚举。

第二年，许多家长经朋友介绍提前预订了入园就读的名额，幼儿园凭借着口碑，已不需要在招生方面大费周折。

用真心，顶着压力前行
以心换心，关关难过关关过

招生和教学的难题解决了，但江蓓蓓仍然不能松懈，如何稳定师资队伍，是眼前的又一道坎。"和公办幼儿园的薪资待遇、稳定性、社会地位等相比，民办园实在差距太大！"

办园之初，江蓓蓓首先通过社会招聘、网络招聘、朋友推荐等途径招来一批教师，然后对这批教师进行为期一个月的培训，让她们一边熟悉专业，一边了解本园特色。

老师是有了，但流动性实在是大，这也是所有民办幼儿园都会遇到的问题。每年临近开学时总会有员工因为各种各样的情况辞职。江蓓蓓在怎样留住教师上挖空心思，她甚至规定，如果有另择业的打算，在择业期间，不得与本园签合同。

原本以为这项硬性规定可以相对维持师资稳定，没想到迎来的却是十几位教师的集体抗议。也正是这一抗议，让江蓓蓓有了第一次真正深入一线教师队伍的契机。在一番调查后，江蓓蓓发现大多数教师认为她的管理方式太过于粗暴和武断。于是，她与每个员工逐一谈心，并根据她们的诉求对一些规定进行调整。

招生、教学、师资……成立一个幼儿园最重要的事项完成后，江蓓蓓开始着手改进细节。高质量最终还是要落到实处，落到细微处，要润物无声地体现在孩子们在园的各个细节。

为了将服务做到极致，江蓓蓓从饮食着手。一般幼儿园日常提供的都是常温牛奶，此类纯牛奶因保质期长，但在营养和品质上总是有些折扣。她便联系了当地的鲜牛奶供应商，亲自把关，给孩子们换上了鲜牛奶。可是，鲜牛奶的成本要比常温奶高，在未与家长沟通的情况下，她提高了牛奶费。许多家长不理解，认为这是幼儿园赚钱的手段。江蓓蓓赶紧把喝鲜牛奶对孩子们的好处给家长们细细地算了一笔账，这才没有"好心"办了"坏事"。

从这两件事中，年轻的江蓓蓓明白了"倾听"的重要性。她逐渐优化管理制度，凡是涉及幼儿园制度调整的，都会第一时间与其他管理者沟通，并广泛地听取一线教师的意见。

"不管是我还是老师、家长，其实都只想做好一件事，那就是把孩子们教育好。既然目标一致，只要彼此增进理解，一切问题都会迎刃而解。"

上海，命运般的上海

幼儿园一切步上正轨。一个更大的命题在江蓓蓓心中浮现——如何让蒙氏教育本土化。蒙氏教育虽先进，可毕竟是西方的教育理念，有许多"水土不服"之处，要想长久立足于此，就一定要结合当地的实际情况，进行本土化探索。可是当地做蒙氏教育的仅自己一家，供参照学习的对象实在太少，而且每次外出学到的理论知识又缺乏专人的指导，她一边苦于没有找到可引路的人，也一边在艰难推进，等待时机。

2019 年，遵义市教育局下发文件要进行遵义市第十一期"金种子"园长项目培训人员的遴选。江蓓蓓隐隐感到：机会来了！

这次遴选，全市各区县共推荐了 38 名园长，可是去上海参加培训的名额只有 20 个，可以说优中选优，竞争十分激烈。江蓓蓓作为道真县唯一一位被推荐到市里参加遴选的民办园园长，她无比珍视这个机会。她在家精心打磨出一份简历后，就想方设法从以前参加过培训的前辈那里求来一些复习资料，为遴选面试作准备；并在家反复练习，还把自己的母亲叫来充当评委来模拟面试的现场。上百次反反复复地训练，只为做好十足的准备。

在遴选现场，江蓓蓓分享了自己一直在思考并准备着手实践的家园共育问题，得到了在场评委的一致认可。就这样，她从 38 位园长中脱颖而出，成为 20 名赴沪培训学员之一。

"当机会来临时，一定要积极主动地对待，机会就很有可能变成机遇。"厚积薄发的江蓓蓓此刻无比自信和坚定。上海，这个曾经是她生命里选项之一的城市，此刻以另一种方式再度出现在她的视线里，成了一道必答题。这一次，她是一定要有收获的。

江蓓蓓在惊喜与忐忑中踏上了飞往上海的航班。

两个月，时间紧任务重
看到榜样，看到方向

来到上海，短暂的安顿后，园长们首先在上海市师资培训中心接受了为期一周的理论培训，紧接着就是抓紧一切机会参加各种论坛、主题分享会、讲座与跟岗实习。

江蓓蓓跟岗实习的幼儿园是杨浦区教育学院附属幼儿园，是上海市一级幼儿园。江蓓蓓发现这里的室内面积虽然很小，但老师们却把有限的空间利用到了极致。比如，卫生间的角落可以让孩子们探索水的秘密；过道可以让孩子们探索数字的奥秘；阁楼是温馨的小书吧；楼梯口、走廊是孩子下雨天的户外互动空间。各个功能室环境布置充满童趣，彰显了以幼儿为主体的教学理念，处处留下幼儿的成长痕迹。

在杨教院附属幼儿园，江蓓蓓观摩了中班绘本活动"一场又惊又喜的早餐"、大班音乐游戏"真假美猴王"。老师们总是亲切地引导幼儿通过观察、感知、交流表达等学习方式，不断进行思考，不

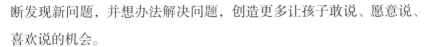

断发现新问题，并想办法解决问题，创造更多让孩子敢说、愿意说、喜欢说的机会。

跟岗期间，江蓓蓓常常跟着何洁园长巡视、听课、教研。何洁园长的专业能力让江蓓蓓钦佩不已。一次，一位教师准备了一堂公开课，公开课结束后，何洁园长与其他教师便进行当场磨课。磨完课，何洁园长立刻亲自上了一堂；在上课的过程中，她发现还是有一处不顺，于是便请来区教研员继续诊断指导，直到这堂课最后顺利地开展。

"何洁园长总是毫无保留地为我解答一切疑惑，她身上的那种开放、包容、肯钻研、乐分享的品质深深地感染着我。"

何洁园长除了重"研"让江蓓蓓深受触动外，还有她的"及时教育"也让江蓓蓓受益匪浅。一次，江蓓蓓照常跟着何洁园长去巡班，何园长发现有一个孩子在漫无目的地玩玩具飞机，她便走上前去问孩子：你的飞机要飞往哪里？要飞几个小时？它的价格是多少？能坐多少人……何洁园长通过这样的互动提问式的教育方法对孩子进行知识延伸。这让在一旁观看的江蓓蓓目瞪口呆。

"像这样抓住教育契机对孩子进行及时教育的案例还很多。"江蓓蓓说。

因为专业能力过硬，何洁园长在教师们心中很有威严，但是她又很亲民。一次，在教工活动上，江蓓蓓看到园长像个孩子一样开心地与教师们一起玩游戏、互动。看到以品德服人、以专业服人的何洁园长，江蓓蓓相信自己看到了学习的方向。

"教师是教育质量的保证和关键，要提升学前教育的质量和水平，重点在于提升教师队伍的专业化水平。"要想把幼儿园办得更好，必须得有强大的师资团队，面对嗷嗷待哺的员工，江蓓蓓也曾苦于自己没有引领者。"以前参加的培训，就是培训完了就结束了，后续也不会有太强的黏性去把各种资源连接在一起，但是'金种子'项目的培训有很强的延续性，这个平台让我实现了更多教育资源的整合。也让我不再孤单。"通过这次培训，江蓓蓓不仅找到了能对她在不同方面进行引导的引路人——上海市师资培训中心的导师、班主任、跟岗实习的园长，还结识了一批志同道合的同行者。她说这次培训让她感受到了什么叫作团队和集体的力量，在师资培训中心这个大家庭里，她被满满赋能。

很快，短短两个月的培训就要结束了，江蓓蓓也在本次培训中荣获"优秀学员"称号。

2019 年 12 月，她带着这些理论储备与实践经验，返航了。

出圈，我们做到了

在上海的培训中，令江蓓蓓感触最深的是参观坐落于上海市乌鲁木齐南路 14 号的乌南幼儿园。乌南幼儿园创建于 1956 年，是一所涉外的上海市示范性幼儿园。该园充分挖掘多方资源，把各国文化教育中的精髓融入乌南课程中，并立足本土文化和民族自尊，最终实现"培养一个有中国心的世界小公民"的幼儿发展目标。让江蓓蓓惊叹的是乌南幼儿园集结了全球优质的教育资源，在环境创设中既融入了许多世界各地的元素，又有许多本土特色，如廊道中的中国特色建筑。不仅如此，园内还设有科学教室、阳光游戏屋、乌南百草园等供孩子们实践，在课程设置上还开设了茶艺、剪纸等特色课程，真正做到了"人无我有，人有我精，人精我特"。

乌南幼儿园这种国际化的幼教理念、本土化的核心经验、鲜明的办园特色与江蓓蓓一直追寻探索的蒙氏教育本土化办园目标不谋而合。她又一次深刻意识到自己办园对蒙台梭利教学法并非要全部

照抄照搬，而是要根据幼儿园的实际情况和幼儿的具体学情来进行本土化。

她对当前道真卓越幼儿园对蒙台梭利教学法的应用做了深刻的剖析：首先理解上的"完美化"，忽视了它的局限性和东西方的差异；其次是应用上的"简单化"，把使用教具简单等同于蒙氏教育思想，且缺少具有本土特色教具的开发；最后是师资上的"薄弱化"，蒙氏教师培养成本高，流动性又很大，教师培训质量难以保障，真正的蒙氏教师缺乏。

针对这些情况，江蓓蓓以幼儿园课程本土化、园本化为突破口，从当地实际情况出发，探索适宜道真县城特点的幼儿园课程模式，并围绕"如何特色办园？""如何更好地实现家园共育？""如何让家长真正配合幼儿园，去促进孩子的各方面发展？"等问题进行了大刀阔斧的改革。

首先，她将原本一周五天的蒙氏教学活动调整为一周两次，与此同时，结合本土特色，设置了主题探究、自主游戏、个别化学习等活动，并把混龄教育、汇合成长作为幼儿园的亮点，组建"家庭式"大带小模式。在每一个班设若干"家庭"，每一个"家庭"有老大、老二、老三共三个孩子。在主题探究课上，每期会围绕一个主题进行探究。例如"春天来了"，就让各个"家庭"里的老大带着老二和老三，在幼儿园里寻找春天的足迹，最后每个"家庭"以绘画的形式呈现出来。又如，在班级常规中，起身后都有推椅子、把椅子还原到桌下的习惯，当"家庭"成员中有人忘记时，老大就会上前提醒。在这样的"家庭"模式中，大孩子的管理能力、责任心都大有进步，而老二、老三的学习能力和社交能力也提升得很快。

"在我们的混龄教育中，小龄幼儿就会将大龄幼儿作为自己的模仿对象，小龄幼儿在潜移默化中模仿榜样的利他行为，从而促使自己的利他行为的出现和发展。所以混龄教育会使幼儿的利他行为形成一个良性循环，从而促进幼儿身心发展和社会能力的提升。认同感会给幼儿带来满足、自信、积极等多种正能量。"

除此之外，江蓓蓓还对幼儿园的环境进行了大改造。她号召老师们就地取材，从周边的山林里找来一些竹子、树枝、松球等，或者用废旧矿泉水瓶、奶粉罐等物品，进行教具的延伸。

在家园共育上，她也进行了相应的改进。

"获得家长的支持，首先要确立自己的专业地位。"何洁园长的一番话，让江蓓蓓大彻大悟。

疫情期间，江蓓蓓和她的团队通过线上直播的形式，传播科学的育儿知识，提升家长的育儿观。开园后又通过家园共育栏、家园联系本、问卷调查、幼儿成长档案等进行家园信息沟通；设置了"家长助教日"，邀请家长来园参与助教活动，体验教师一日工作内容；还设置"家长开放日"，定期让家长参观幼儿园并参与幼儿园的教育活动，和孩子一起学习、游戏。与此同时，还成立了家委会，密切了家园合作。

"家庭是幼儿园重要的合作伙伴，幼儿园应本着尊重、平等、合作的原则，不仅要争取家长的理解、支持和主动参与，还要积极支持、帮助家长提高教育能力。"江蓓蓓在抓好幼儿园教育和建设的同时，积极与家庭相互配合，开展不分主次的联合行动。

江蓓蓓秉持的教育理念关注到了教育生活的意义和快乐性。孩子们在幼儿园里变得更加快乐，更有礼貌，更具有责任意识，更懂得换位思考和与他人协作。家长看到孩子的进步十分高兴，这一系列的改革也获得了家长的认可与好评。在年度家长会上，家长们的反响很热烈，在收集的家长问卷中，家长对幼儿园的满意度也高达百分之九十以上。

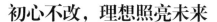

初心不改，理想照亮未来

"我知道，很多人认为幼儿园的老师就是保姆，管好孩子的吃喝拉撒睡就行了。"江蓓蓓坦诚地说，"但我从不这么想。幼教的责任，是要创造条件，让孩子的潜能焕发光芒，为孩子们的全面发展打下良好的基础。"

也许做建筑师与从事幼教本质相通，只是从建筑房屋到奠基人生，一砖一瓦化为孩童世界里的一点一滴。但截然不同的两条道路却是着实改变了江蓓蓓的人生，从敏感缺爱到自信坦然，小心翼翼变成了处理职业难题中的落落大方。

如果说，一开始选择办一所幼儿园有一定自我治愈的成分，那么如今，勇敢闯关、收获满满的江蓓蓓很明确，园长或者说幼师，是她闪闪发光的理想。这份理想像灯塔一样为江蓓蓓指引未来的方向，其中包含了对孩子们的爱，对家乡的留恋，甚至是对女性的关爱。

"一路走来，有过委屈、担心、迷茫，但更多的是沉甸甸的责任。这便一直激励我不断努力、向上而生，也正因为这份责任，让我更加热爱这份职业。"

面对未来，江蓓蓓坚信，唯有行动才能带来改变，唯有创新才能收获喜悦，唯有坚持方能创造奇迹。未来之路任重而道远，不忘初心，砥砺前行。

投身乡村教育的时代"答卷人"

——贵州遵义正安县谢坝民族中学陈爱的故事

"我是带着对教学的憧憬奋战在教育教学一线的，但走着走着发现眼前是一片蓝海，身旁无人，找不到路，比较迷茫。在无人指导的情况下就会产生职业倦怠，敬业精神就会下降。学校整体学习氛围不浓，基本上都是自己迷茫地走着。"

这是一段哲思，也是一段迷思，而孕育这场思索的，就是故事的主人公——陈爱。

陈爱，这是一个充满温情的名字。陈爱说，小时候，他叫陈大爱。"大爱无疆，有人爱护，也能爱人"，这是外公对他的期待和祝福。如今，他成为了家乡的一名教育工作者，而这份职业需要倾注最多的，也正是一个"爱"字。

回村任教，是父母之言，也是命运的指引

贵州省遵义市正安县谢坝仡佬族苗族乡是陈爱的家乡，如今陈爱就在这里的谢坝民族中学担任党支部书记、校长。正安县是东汉儒学大师、教育家、贵州文化鼻祖尹珍先生故里，巴蜀文化、荆楚文化与黔北古文化在这里渗透交融，尹珍精神薪火传承，积淀了丰厚的文化底蕴，文艺创作繁荣。这里山川秀丽、生态优良、景色迷人，境内有典型的喀斯特地貌，溶洞发达别致，山势藏奇掩雄。这个在外人看来有些偏远的地方，却是陈爱心里最美的家乡。他在这

片山水里无忧无虑地成长，养成了爽朗、阔达的性格。

与教师这份职业结缘，陈爱说，是因为小时候学唱宋祖英的歌曲《长大后我就成了你》。"长大后我就成了你，才知道那块黑板，写下的是真理，擦去的是功利……长大后我就成了你，才知道那支粉笔，画出的是彩虹，洒下的是泪滴……"这些歌词让小小的陈爱深受感动，也从此烙印在他的心里。原来老师这个职业是这样的平凡又伟大。长大后我就成了你，不再是一首歌，而成了陈爱的理想和决心。

2010年高考之后，陈爱毫不犹豫地选择了师范类专业，报考了位于省会贵阳的贵州师范大学的体育教育专业。在校期间，陈爱曾是学生会副书记、篮球裁判协会会长，并在2013年获得"贵州省优秀学生干部"的荣誉称号。那时的陈爱，和大多数走出家乡的孩子一样，心里渴望毕业后能够留在生活了四年的大城市贵阳。

事实上，在2014年大学毕业之际，陈爱通过自己的努力，得到了留在贵阳的任教机会，而他的应聘成绩也名列前茅。身边的同学也纷纷顺利找到工作，陈爱跃跃欲试地要在贵阳闯出一番天地。

但远在老家的父母，则希望儿子能够回到他们身边。在经过一番内心的挣扎之后，从小十分孝顺的陈爱选择遵从父母之命，放弃了更高的薪水和更好的待遇，以及对贵阳的留恋和憧憬，回到了这片养育他的土地。他通过贵州省"特岗计划"教师招聘计划，光荣地加入了农村基础教育的队伍中，进入正安县乐俭中学任教。

"我的父母都是农民，父亲原来是电力公司的员工，但因为撤电站，他才20多岁就成了下岗工人。父母养育我实在不易。"陈爱乐观开朗的个性，很容易让人忽略他的成长背景。实际上，陈爱从小的家境并不宽裕，"因此我从小到大都比较听父母的话，没有叛逆，想着回来以后也能更好地照顾父母，于是就考了当地学校，成为了一名教师"。

作为胸怀梦想的年轻人，离开大城市，回到小乡村，陈爱难免感到一丝落差和遗憾，但他很快就从这种情绪中走了出来。据陈爱介绍，教师目前在当地的平均工资水平要超过公务员，并且是受人尊重和仰慕的职业。他还记得自己刚参加工作不久，便正好遇到涨工资，领到人生第一笔工资时，激动和喜悦的心情冲淡了内心的不甘。

"第一笔工资竟有 3700 元！还是得到了很好的心理安慰，再加上本身酷爱教师职业，这种落差就逐渐消失了。"村里的生活朴实，但往往快乐也来得更简单。陈爱越来越确信他应该回乡，命运为他指了一条正确的道路。

到 2020 年底，贵州省已招聘特岗教师 11.38 万人，陈爱就是他们中的一员。这些教师如同 11.38 万粒火种，在高山深壑中点燃了人们对教育的信心，改变了千万孩子的命运。特岗教师成为贵州农村学校的一支重要力量，他们中的很多人都是村级学校里的难得的大学生教师，为山区的学校带来了锐意进取的教育精神与新鲜的教育资讯，缓解了部分农村学校教师"进不去、留不住"的现状。在完成了三年"特岗计划"后，很多人会继续选择坚守在基层，成为贵州农村义务教育的中坚力量。

30岁就当上了校长

2014 年 8 月正式踏上工作岗位，年轻的陈爱充满着活力和干劲。再加上当地的学生喜欢体育课，更是带给他充足的动力和满满的成就感。

每学期开学的第一堂体育课，陈爱会要求学生们给他写一份心里话，内容包括他们喜欢什么样的体育课、喜欢什么体育项目、希望学到什么样的体育技能。同时，陈爱还鼓励学生自己组织热身活动，通过这样的方式锻炼他们的能力和胆识。

"体育课主要是看教师对课程内容的设计，是否结合了教学大纲和学生的特点。"陈爱说，"能够很好地了解学生所想，引导学生选择自己喜欢的运动项目，何乐而不为呢？"

2016年，他第一次代表学校参加区里举办的教学技能比赛。为了在比赛中脱颖而出，陈爱进行了大胆创新。他结合学生喜爱羽毛球却零基础的实际，以及学校有器材没场地的现状，利用自己大学的实习经验，他将健美操的动作融入热身活动，激发了学生的学习兴趣，他随后抓住学生的热情进入教学部分，只需鼓励学生进行对拉练习，就取得了十分明显的效果。在获得比赛第一名的同时，他还获得了参加全县更高平台的教学技能比赛的资格。

责任心强，踏实肯干，有协调能力，还懂电脑，陈爱的教学能力和个人潜质，很快得到了上级领导的注意和赏识，入职一年后他便升任学校办公室主任。在随后的两年半时间里，陈爱在充分发挥办公室主任的桥梁纽带作用和协调功能的同时，丝毫没有放下自己手中的教学工作，在"工作学习化，学习工作化"的过程中提高技能，增长知识。

2017年，经过校长举荐，陈爱被当地教育局纳入人才库，成为未来校长的储备力量。很快，他便担任了正安县瑞溪镇中心小学副校长，从一线教师摇身一变成为一校之长。身份的转变让陈爱深感肩上的压力和担子更重了。他坚持学习，致力于学校德育管理的创新，在任职期间为学校在德育工作方面做出了一定贡献，开启了瑞溪镇中心小学"幸福教育"新篇章，真正让全体师生员工感受到幸福的真谛。

一年半以后，陈爱成为正安县谢坝民族中学的党支部书记兼校长。这所位于正安县东南，距离县城 76 公里的中学，是正安县两所少数民族中学之一。其前身是 1976 年 9 月创办的"正安县谢坝区中学"，也是正安县创建较早的乡镇初级中学之一。

这一年是 2019 年，出生于 1989 年的陈爱 30 岁了，在而立之年的当口成为了一名年轻的校长，这是命运和组织共同给他的一份贺礼。

不过，陈爱没有被冲昏头脑，对于自己如此快速地上升和进步，他高兴，但也清醒。

"当时，我们的教育局局长既是正安本地人，又是农村一线教师出身，比较了解当地教育现状。他强调选拔时要坚持任人唯贤，能者上庸者下。学校选择干部时肯定会按照标准进行，担任学校中层干部也需要有一定时间来磨炼和考核。"

但是，当地学校现状是，工作经验丰富和能力强的老师没人愿意进管理队伍，都认为这是费力不讨好的工作，出现了严重的职业倦怠，安于现状。"出现这种状况的原因是多方面的，所以迫于无奈，县里才从年轻人中选拔人才补充战斗力。新教师刚进学校就直接进管理岗位，其实在遵义农村地区是普遍现象。"

多年从教路，陈爱走得踏实、坚定，要说能力，他肯定不输阵，但他也知道，在农村学校当上校长，未必是对年轻人的嘉奖，可能只是一种无奈的妥协。但无论如何，在其位谋其职，更何况是自己热爱的一份职业，陈爱做好了迎难而上的准备。

政府控辍，我们保学

作为年轻的"空降"校长，陈爱立时就要解决一个摆在眼前的

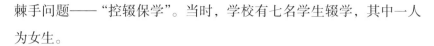

棘手问题——"控辍保学"。当时，学校有七名学生辍学，其中一人为女生。

正安县是深度贫困县，很多孩子的父母外出务工挣钱，在校学生75%左右是留守儿童。"学生辍学的原因主要是因为厌学，而厌学的主要原因，还是在于留守儿童家庭教育的缺失，导致学生产生心理问题。"

那名辍学女生正是一个典型。在她很小的时候，母亲就去世了，父亲没有尽到应有的责任。孩子在学校和同学相处不够融洽，导致她跑到社会上接触一些人，去寻找存在感。"在外面找到她后，我叫上一名女老师到办公室一起开导她，直到她把自己的问题都说出来，我们才松了一口气。"

控辍保学之路的艰辛，只有经历过的人才清楚。陈爱记得，当那名女生向他敞开心扉的瞬间，他的成就感油然而生。"把那一届学生送走后，学校目前再无控辍保学对象。"

为了取得"脱贫攻坚"的全面胜利，贵州省出台了"零辍学"的规定，各级政府主管部门和学校都十分重视这项工作。正安县专门制定了一套控辍保学的"七长责任制"。"七长"即县长、教育局局长、乡镇镇长、村长、校长、师长和家长。

"我当时刚来学校，需要树立一定的威信，因此主动承担了相关责任，在劝返的时候，要答应学生很多条件，学生才顺利返校。"陈爱说，"比如，劝返回校的学生，喜欢做什么都可以。"

但这也直接导致他们回校后影响了一大批学生。第二学期，他就把这些学生单独列出来开专班，在住宿生活方面，更是24小时保障水电。"一旦没能答应学生的部分要求，一些学生转身就离校，出去了又找不到。控辍是政府的事，但保学是学校的事，政府通过诸多手段劝返回校的学生，学校必须想尽一切办法把他们留下来安心学习。"

2020年，新冠疫情暴发，谢坝中学为了确保七八年级教学质量和线上学习情况，同时摸排学生14日内活动轨迹，严格落实防疫要求，确保学生零辍学的目标，陈爱领着全校教师开展了一系列大家访活动。

学校七八年级的包保教师翻山越岭，走村入户，深入学生家中，将新学期的课本亲手交到学生手里，了解家长的心声和对学校工作的建议。教师们向家长积极宣传国家富民政策、学生资助、教育脱贫、学生控辍保学工作等，消除了学生及家长的忧虑情绪，确保学生在家安心学习。同时对思想上有所动摇、有厌学情绪的学生尽力做好劝学及思想开导工作，遏制个别学生辍学务工的念头。

陈爱深知，其实教育是最公平、最经济和最好的脱贫手段。"我们当地精准扶贫的家庭多，这类家庭的孩子读书是不要钱的，吃饭也不要钱；学期初的时候生活费由家长垫付，学期末会返还。"

回忆总是让人感动，尽管控辍保学的过程很艰辛，但能让孩子们顺利完成义务教育，陈爱坚信，一切付出都是值得的。

先把教育质量抓起来再说别的

村里民风淳朴，所以也容易因循守旧。送孩子来上学的家长心里只有一个愿望：成绩好。这个简简单单的想法，反倒成了陈爱这位年轻校长的另一道坎儿。

谢坝民族中学的文化墙，一页页厚重的校史资料，似乎在告诉人们，这是一所看重学生全面发展的学校：

——学校始终坚持"感恩于心·笃学于行"的办学理念，将德育工作放在首位，通过国旗下的讲话、爱国主义教育、传统美德教育、主题班会和宿舍内务治理等形式，不断加强德育工作，着力培养学生良好的学习习惯和行为规范。

——近年来，学校开办了花灯舞蹈班、民族体育班、书法班、绘画班、锣鼓队、铁环、高跷、打陀螺、掷石子、扭扁担、花样跳绳、篮球、足球、羽毛球等20多个兴趣小组，师生全员参与，并聘请校外人员参与辅导。

——学校发展先后荣获"遵义地区先进学校""遵义市民族团结进步创建活动示范学校""正安县教育质量优良奖""县级先进单位"和"正安县绿色学校"等殊荣。

……

但是这些并不能打动家长。"家长看我们教不出成绩，就要把孩子转走。"陈爱苦笑，"国家提倡素质教育，培养学生的核心素养，培养学生的未来，而不只是学生的现在。但家长的期望不一样，他们只在意自己的孩子送到了学校能不能考上高中。"

2018年，谢坝民族中学还没有搞分层教学，所以很快就出现了问题：小学毕业的学生前20名走了17个，只因这些家长们觉得学校的教育满足不了他们的需求。"家长在乎的是分数，要中考，要高考。家长只是跟风，某个学校成绩好，家长却不知道这个学校的成绩为什么好。"

家长们可能不了解，但陈爱很清楚，谢坝乡拥有户籍人口1.5万人，常住人口只有几千人，学生是学校的基础，学生人数在逐年减少，优秀学生流失到县城或遵义市，学校的教学质量难以得到有效的体现。

认清了这一实际情况，陈爱坚定了一个想法，那就是学校要发展必须要变革。随后，他便在学校推行分层教育："后来为了提升办学质量，我校还是搞了因材施教下的分层教学，实行了小班化教学，满足学生家长的需求，取得家长的信任，首先把学生留下来，否则一所学校没有了学生就等于没有了生命。"

农村教育的现状，总会遇到怎么培养人的问题。学生应该先成材还是先成人？陈爱曾经深深地犹豫过，但陈爱决定不做选择题。学科教育与素质教育并不矛盾，想要两手抓的突破口不在学生，而在于一支优秀的教师队伍。

把教工篮球队队长"提拔"为党建办主任

"每一个教师都是一门课程，每一个教师都是宝贵的教学资源，每一个教师对学校都很重要。"这是陈爱十分推崇的格言。学校的发展关键在教师，是他在瑞溪镇中心小学任副校长期间感触最深的收获。

"做了副校长，角色和角度变了，换了教育视野，我一直告诉自己要认认真真学。在做副校长时，自己起到一个枢纽和纽带作用，团结带领教师潜心教书，用心育人。一个教师影响的是学生一个学科的成绩，而校长却影响着整个学校。"

2019 年 8 月调入谢坝民族中学任校长后，陈爱把很多心血倾注在了教师身上。初来乍到，陈爱首先是找到班子团队，了解每个教师的具体情况，然后主动找教师谈心，他选择的方法是到教师家家访。

"编制是 53 个，11 个借调出去了，42 个老师每一个都要家访。"通过走访和调研，陈爱逐渐了解到学校教师队伍中存在的普遍问题，即职业倦怠、安于现状。"有人认为这里的工作节奏适合慢生活，也有人认为老学校迟早要被其他大学校吞并。"

这种声音让陈爱意识到，这所学校的最大挑战，是如何点燃每一位教师的教学热情。

作为刚满 30 岁的年轻校长，如何平衡学校资历较深的老师和校长之间的关系，还要招贤纳士扩充班子队伍，也是摆在陈爱面前的问题。去年年底，他终于将学校一名骨干教师纳入团队，成为党建办主任。之前，他无论如何劝说，这名老教师就是不肯答应。

"这位老师当时是 48 岁，工作能力强、人缘好，学生也喜欢他。去年他带的毕业班有 40 名学生考上高中。他副高职称很早就评上了，是充实管理队伍的不二人选。"但是，像这样职称高、有能力的老师往往只愿意埋头教书，不愿参与管理工作，这在整个遵义地区非常普遍。

"主要是晋升机制的原因。"陈爱解释道，"前些年中小学教师还不能评正高，像他这样评上副高的，算是达到专业生涯的顶端了，没有什么动力参与别的工作。"陈爱说。

事实上，老师在评上职称后，还可以继续争取岗位等级的晋升，同样有发展的空间。"市教育局也出过支持高级教师岗位晋升的政策，但是标准定得比较高，除了要参加各种工作，还要获得考核优秀等荣誉，难度太大，农村老师更没有意愿了。"陈爱看中的这位老师就抱着这样的心态，安于现状，"就等着退休呢。"

经过多番软磨硬泡无果后，陈爱也想通了，决定"曲线救国"。他知道这位老师擅长篮球，就任命他为教职工篮球队队长，还拿出经费保障他们训练和比赛。有一回在全县的教工篮球比赛中，这支队伍拿了二等奖，当晚陈爱就自掏腰包请他们吃饭庆功，"还喝了几口"。

借着酒劲，陈爱与他推心置腹，终于了解到，这位老师其实是希望获得岗位晋升的，却担心在考核中拼不过年轻老师，拿不到优秀。对此，陈爱也给出了承诺，在符合规定的前提下，只要工作到位，考核时可以向他倾斜。"可以说是动之以情，晓之以理，这样一来二往，我们彼此的关系逐渐好了起来，最终'搞定'了他。"

通过这次经历，陈爱深刻认识到，要想让教师支持校长的决定，对教育教学做到真正敬业，需要让教师信服校长。"在老师有困难需要帮助的时候帮助他，职称评多年的，可以岗位晋级，拿年度考核优秀，每年学校十几个名额，主动权在于制度和校长。校长想方设法为教师谋福利，教师自然而然地就开始卖力了。"

来上海之后，发现自己不孤单

陈爱感慨，自己从业以来最大的困难，就是身旁无人，有时因此而深感迷茫。

作为"空降"的年轻校长，陈爱深知自己资历尚浅，经验浅薄，他坦言自己从做副校长开始，就感到底气不足，因此他迫切地想抓住每一次学习锻炼的机会。

在没有任何根基的情况下，他开始研究和探索。要发展先铺路，要想学校有所发展，必须变革，这变革的第一步就是自己，"要走出去，带回来"。

恰好，上海市师资培训中心举办的"影子校长"跟岗锻炼项目招募第四期学员了。陈爱经过县教育局的推荐，到遵义参加面试选拔，成为了10名学员中的一员。2020年9月金秋，他来到了距离家乡1700公里的上海，开始了这段为期一年的学习和收获之旅。

"我是带着自己在工作上的诸多问题，来上海充实充电，再回报家乡教育事业的。"从一开始，陈爱的目标就非常明确。

每一次外出培训，陈爱都发现自己前面有很多很多的人，而不再是当初在学校走着走着就孤单了。陈爱心想："所以真的还是要走

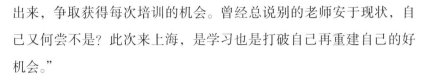

出来，争取获得每次培训的机会。曾经总说别的老师安于现状，自己又何尝不是？此次来上海，是学习也是打破自己再重建自己的好机会。"

转眼间，在上海的学习进程已经过半。在陈爱看来，让他印象最深的事情是上海的一线教师在科研方面所取得的成果十分显著，这也是他在实际工作中认为需要继续提高的部分。

在中远实验中学期间，陈爱做了关注初中学生学习能力提升的主题汇报，这是他们一行10人梦寐以求的课题研究。每个人都十分认真地研究自己的课题，希望能够从查资料、设计问卷调查、写论文这些基本的步骤开始，逐步提升自己的学术能力，并在实践中提升学生的学习能力。

"让教师设计一些教学方法，设计作业。只有让老师们不断地思考，才能让更好的教学方法落地。有了更贴近、更适合学生的教法，学生才会真正感兴趣，也就能调动他们的学习兴趣。比起我们现在还是照搬教案的方式，这是我最希望实现的。"

在上海市铁岭中学，陈爱还发现很多课题研究非常有组织性，而且值得深入研讨。在上海，还能邀请到专家进行现场指导，能有效避免走形式的研究。"张校长非常关心我们，从去年到现在给了我很大的帮助。在研究课题时，他会给我指导性意见，还赠送了相关的课题集。"

就连学校的一些教学活动，也会邀请陈爱参加。每当此时，陈爱就从他的视角来看课题是如何操作的、科研氛围是如何营造的，把自己对教师队伍建设的谜团逐个解开。

"这次跟岗锻炼对我的启发非常大，我回去以后可以模仿上海的一些做法。先利用好师培中心的资源，其次是找跟岗学校的资源，最后自己去找资源，希望可以和上海的老师配对起来。"

上海之行，打开了陈爱的心，也打开了他的视野。他不仅感受到教育之路上同仁们的鼓励与支持，更证实了自己此前的许多想法都是正确的，并且是可行的。这让他倍感振奋。他看到了乡村学校发展的希望，更看到了家乡的孩子们获得更好教育的希望。

留给未来的，还有遐思与未知

"我怀着满满的憧憬踏上了上海取经路，经过中心的悉心指导，通过系统化的学习，在上海名师名校长的帮助下，天空豁然开朗，思路空前清晰。"陈爱说，他在跟岗锻炼的过程中，逐步确立了学校新的规划和目标：办一所家门口受人尊敬的好学校。带着这样的愿景，他开始逐步在学校组织实施变革。

在陈爱的变革计划中，摆在首位的仍然是他最重视的教师团队。他表示，要首先想方设法调动教师积极性。一是争取资源，利用少数民族地区特色文化，精心策划教师节活动，让老师在庄严的颁奖仪式感中感受到被认可、被鼓励。二是成立"531"发展团队，即五名教师抱团发展，用三年的时间，培养一批优秀的教师。如以贵州省乡村名师王尧任组长，挑选一名骨干教师，再挑选三名教师组成团队，由名师引领，骨干教师带领一部分教师，在专业的提升中重燃对教育的激情。三是摒弃平均主义，改革《绩效奖金分配方案》和《评优评先方案》。通过一对一、一对多的数次沟通，以及多方面征求意见后，《绩效奖金分配方案》和《评优评先方案》最终在学校教代会上全票通过。

"我希望能够通过这一系列的措施，让教师们的工作热情再次被激发，让学校干事创业氛围变得越来越浓厚，为学校的发展翻开新的篇章。"

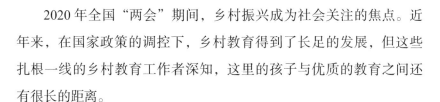

2020年全国"两会"期间，乡村振兴成为社会关注的焦点。近年来，在国家政策的调控下，乡村教育得到了长足的发展，但这些扎根一线的乡村教育工作者深知，这里的孩子与优质的教育之间还有很长的距离。

"一是优秀教师的缺失，二是家庭教育的缺失。"

在陈爱看来，乡村教育目前仍然比较单一，无法满足学生个性化的需求。同时，农村孩子的命运选择相对单一，选择面没有像上海之类的大城市那么广。

教育需要回到教育原生态，培养德智体美劳全面发展的学生。

"未来要做的，是激发教师的激情，消除职业倦怠，把在上海学到的好经验，结合实际运用在实践中，办家门口老百姓真正需要的教育，同时想办法把学生留住，否则再好、再先进的理念和目标也不可能完成。"

年轻的陈爱褪去了稚嫩与迷茫，肩头的责任让他更加成熟与沉稳。侃侃而谈间，陈爱的眼中流露出的不是担忧、困扰，而是爱，是他对学生的爱、对学校的爱、对家乡的爱、对教育事业的爱。这份热爱不断催促着他去思考、去实践、去探索。也正是这份热爱，让陈爱义无反顾地投身于乡村教育振兴的事业中，成为时代的答卷人。

更无花态度，全有雪精神

——云南曲靖会泽县第一幼儿园赵雪梅的故事

大到搬迁校园、制定园内改革路线，小到一砖一瓦、一草一木、一饭一蔬，赵雪梅对云南省曲靖会泽县第一幼儿园，可谓倾注了全部的心血。

赵雪梅不可能不爱这里。她曾经在这里度过幼儿时光，也是在这里，开始自己的职业生涯，从普通教师、教研组长，一路到了工会主席、副园长、书记、园长。

赵雪梅也不无复杂的感情。为了守护这座可爱的幼儿园，她不得不面对一个又一个困难、阻挠、刁难，不得不搁置家庭，让女儿对自己心生怨念。

关关难过关关过，夜夜难熬夜夜熬。各种心酸，赵雪梅决定一并收起，只以坚强和果决示人。就像赵雪梅这个名字一样，梅花没有一般春花鲜艳娇嫩的样子，呈现在人们面前的全是傲雪耐寒的神韵。

这位坚韧而优秀的女性，扛起了一园之长的重担，也践行着她最初的信念——为可爱的孩子们打造希望的热土。

凝心聚力，就是好的开始

2018年，是会泽县第一幼儿园建园60周年的日子。那一年，赵雪梅刚刚当上园长不到两年，正值当年的她开始在自己的岗位上真正崭露头角。

幼儿园由于建园时间久，园舍、设备设施都比较老旧，与此同时，教师队伍的年龄结构也比较老化。从2010年起的八年时间里，幼儿园先后更换了五任园长，人事的不稳定使很多工作的落地和执行都很困难。

这样一所历史悠久的幼儿园，和县内其他新建幼儿园相比，既没有区位优势，也没有硬件、软件优势。在重重困难之下，如何带领老师们重整旗鼓、奋力崛起是摆在赵雪梅面前亟待解决的问题。

赵雪梅始终记得，她在上任时掷地有声的表态发言："我将尽最大的努力为幼儿园服务，履园长之责，尽园长之力。"

建园60周年，在她看来既是一个难题，也是一个契机。赵雪梅希望通过一系列凝聚人心、振奋士气的庆祝活动，让教师们重拾自信，让孩子们快乐成长，也让家长们和社会都放心满意。

因此，从庆祝方案的制定，到每个系列活动的安排、细节处理，每个环节她都亲力亲为。在2018年3月至6月的90多天时间里，"白加黑""5+2"的工作模式是她的生活常态。

她利用三八妇女节举办了60周年园庆的启动仪式。仪式上她那触动人心、感人至深的动员讲话，让每一位幼儿园教师为之动容；在接下来的征文活动中，教师和家长的积极参与，字里行间流露的对一幼的赞美，让她看到了更多的信心和决心。师幼书画、美工作品展、大班公园义卖、中班亲子DIY、小班美食节等各类活动精彩纷呈，孩子们在活动中收获了快乐和成长，一幼的60年园庆也获得了社会各界的一致好评。

在"我与祖国共成长"的主题晚会中，赵雪梅通过多方协调，邀请到历任园长悉数参与，全园师幼一一登台亮相，就连当地融媒体也对晚会进行了现场报道和直播，使之一举成为会泽县为数不多的高规格晚会，高质量的节目和丰富的内涵让现场观众好评如潮。

最重要的是，这是在赵雪梅园长的带领下，全园 60 多名教师，第一次举全园之力，成功举办了一次前所未有的庆祝活动。这让教师们不仅有收获感，更有满足感：自己的职业是一份可爱而有意义的职业，自己的小小努力拼凑起来就会有无穷大的力量。

不喊口号、不说空话，赵雪梅用成果凝聚起教师们的心。

四处奔走，只为一幼换新颜

2018 年对赵雪梅来说，着实是充满挑战的一年。团结了人心以为一切工作都能顺利展开，然而另一项更艰巨的任务摆在她面前——为帮助陈旧的校舍更新升级，县委县政府和教育主管部门决定将一幼整体搬迁至翠屏小学。

整个建设工程分为三部分，包括新建两幢教学楼，改造原三幢教学楼为食堂、办公室、综合楼，对所有活动室进行装修改造。其中，除了主体工程有资金来源外，其他装修、改造资金全部需要自筹，经费上的困难让赵雪梅园长一度陷入窘迫。

同时，翠屏小学本身也是一所身处住宅区的学校，周边居民多年来为土地、围墙的归属问题和学校矛盾不断。当得知一幼要搬迁至此，甚至有一些居民出面阻挠幼儿园工程建设，简直是雪上加霜。

一切都是新的开始，一切都是这样的茫然。面对前所未有的困境，面对无穷的压力，赵雪梅没有犹豫，开始了自己的"创造"之旅。为保证幼儿园如期完成整体搬迁，赵雪梅开始厚着脸皮各方奔走，政策、资金、人力……只要有利于幼儿园的发展建设，再难再尴尬，她都奋力争取。面对少数不理解的居民的百般刁难，她也忍住了委屈，想各种办法协调解决问题。

工程建设期间，数不清有多少个日夜、假期，她带领班子坚守工地，为幼儿园的一砖一瓦挥洒汗水，在幼儿园的一草一木前留下了忙碌身影。戴着安全帽的赵雪梅，穿梭于工地，对照着施工图耐心询问，小心查验。对于赵园长，工人们是既喜欢，又畏惧。喜欢的是，赵园长总会面带笑容，提醒工人们注意安全，表达着真诚的尊重与感谢；畏惧的是，赵园长不会放过任何一个细节，分毫必争。

2019 年 9 月 1 日，经过一年多的筹建，会泽县第一幼儿园终于顺利完成整体搬迁工作，以崭新的面貌迎来新的学期。规范的活动室、午睡室、盥洗室保证了孩子们在园一日生活所需，美观大方、温馨简约、富有童趣的装修风格也让孩子们乐在其中。

看着全新的校舍，赵雪梅也是一度湿润了眼眶的，那些顾不上的面子、那些东奔西走的日夜、那些擦也擦不干的汗水……可是赵雪梅不允许眼泪落下。她把一切看作自己应尽的职责，而前方，还有挑战等着她去闯关。

培训路上，他山之石可以攻玉

正如《幼儿园园长专业标准》中指出，园长是履行幼儿园领导与管理工作职责的专业人员，承担规划幼儿园发展、营造育人文化、领导保育教育、引领教师成长、优化内部管理、调适外部环境六大专业职责。赵雪梅深知，一幼无法孤立存在，为幼儿园发展营造良好的外部环境，赢得更多的支持与配合，是她肩负的重要责任和使命。

硬件改善后，软件当然也要同步跟上。2018 年，赵雪梅园长获得了前往上海参加沪滇合作园长能力提升班培训的机会。上海在深化基础教育改革进程的同时，逐步将先行先试、试点实验形成的经验，向对口支援地区传播、辐射，形成推动这些地区教育发展的重要外部支持力量，也为像赵雪梅这样的西部教育工作者打开了一扇学习借鉴国内前沿教育改革理念、经验的窗口。

半个月的学习之旅，赵雪梅始终怀着期待和敬畏的心情参加每一次活动。在开班典礼上，她平生第一次当起了"大队长"，作为学员代表进行发言。正式培训中，精彩纷呈的专题讲座和实践跟岗接踵而来。赵雪梅认真观察、倾听、记录，从学前教育理念的解读到活动评价的实操，从课程领导力到特色课程设置，从园所文化的内涵引领到专业优秀教师团队的打造，鲜活的案例、高瞻远瞩的发展视野，让一直困惑走不出既有思维模式的赵雪梅感到茅塞顿开，受益匪浅。

她有机会参观了多家上海知名幼儿园，无论是梅陇幼儿园的美行教育，还是在行知实验幼儿园践行陶行知先生的教育思想，或是梅陇幼儿园园长关于"做有温度的幼儿园园长"的观点，都让她印象深刻。风格迥异的幼儿园，却有着共同的深厚文化积淀、踏石有印的真功夫和务实精细的工作态度，这些都让她深深折服。

学习之余，"三好学生"赵雪梅还主动承担起另一个任务——在云南、贵州、新疆、青海、西藏五地参与的"西部校长论坛"中代表云南省围绕信息化建设作交流发言。她在一周的时间里，认真撰写材料、组织语言、制作课件……最终不负众望，圆满完成任务，得到了专家老师的表扬和同行教师们的一致认可。

赵雪梅说，短短15天的学习，让她不仅有思考、有感悟，更有数不尽的收获。都说"他山之石可以攻玉"，带着先进的教育理念和学前教育的工匠精神，她满载而归。上海之旅并不只是简单地打开了赵雪梅的思路与眼界，更让她有底气开启一次新的出发，她决定将教育情怀和管理温度作为今后努力的方向和标杆，让自己永远走在学习的路上。

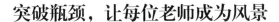

突破瓶颈，让每位老师成为风景

回到云南后，赵雪梅很快制定了一幼的三年发展目标，也更加坚定了"办好家门口的幼儿园"的信念。她坚信，要提高保教质量，教师是关键。要解决彼时幼儿园存在的教师专业水平参差不齐的问题，就需要及时突破瓶颈，带领班子转变教育观念。

作为园长，赵雪梅深刻意识到，幼儿园的发展，要依靠幼儿园育人环境的建设，更要依靠幼儿教师的专业发展。幼儿教师专业素养的提升是提高学前教育质量的关键。发展幼儿园的保教工作，必须打造出一支专业能力过硬、全面发展的高素质幼儿教师队伍。

她首先带着幼儿园的教师们静心学习了《幼儿园教育指导纲要》《3—6岁儿童学习与发展指南》等重要文件。为此，赵雪梅还特别开启了"耳机"与"笔记"的双重学习模式：不仅向身边先进的幼儿园园长取经，向名师求教，还与老师们共同探讨，深入班级实践理论知识。她梳理了一稿又一稿的幼儿园管理制度，终于对园所的未来发展摸出了一些门路和头绪。

为提升保教质量，赵雪梅园长带领教师们拿着《3—6岁儿童学习与发展指南》逐字解读；在日常听评课中逐条对照，对幼儿园的活动、游戏和师幼关系有了进一步的认识，也对尊重儿童、让每个幼儿富有个性地发展有了更深的理解。课程游戏化理念通过游戏性、趣味性和具体形象性等实操抓手，在教学活动中得到越来越明显的体现，孩子们的活动更加强调生动、有趣、感受和尝试。通过不断的努力，会泽县第一幼儿园在2018年被云南省教育厅评为第二批"云南省课程游戏化示范园"。

开展课题研究，一直都是一幼的短板，之前尝试申报的国家级生命教育课题，实施效果不甚理想。但赵雪梅并没有因此气馁和放弃，她反而带着骨干教师更加跃跃欲试。每当教师们面露难色，大呼"组织活动、唱唱跳跳还行，撰写研究报告太难了"时，赵雪梅总是鼓励大家："没关系，我们一起来，肯定能行！"

在赵园长的带领下，一幼成功申报了市级课题"幼儿园本土化课程的研究与实施"——既结合了教师的专业成长，又把会泽县丰富、有特色的本土文化渗透到幼儿园课程中。在撰写抽象枯燥的课题申报表和一系列研究报告时，赵雪梅亲自担任课题组组长。她撸起袖子与课题组成员夜以继日、并肩作战，最终点燃了大家的课题研究热情。该课题于 2020 年顺利结题。在完成课题的过程中，大家领悟到了教科研对教师专业成长和幼儿园发展的重要意义。

与此同时，会泽县第一幼儿园也稳步走上了创建省级一等幼儿园的征程，不仅于先期顺利通过县级初评、市级复评和省级初勘，也在 2021 年春季的省级终评中正式晋升省级一等示范幼儿园。这一切都充分彰显出一幼的保教水平已在升级转型的目标上向前迈进了一大步。

从某种意义上说，化解挑战，就是机遇。此时的赵雪梅仍然不敢停下脚步，但她已经可以回头望一望了：原来自己和同事们走过了那么长的路，取得了许多可以称道的成绩。无他，赵雪梅只有欣慰。

改革课堂，勇敢扔掉旧的教学"拐杖"

随着《幼儿园教育指导纲要》和《3—6 岁儿童学习与发展指南》的深入贯彻实施，赵雪梅认为有必要对幼儿园的教学模式和课程进行一次全面的优化升级。由此，开展一场轰轰烈烈的课程改革的念头在赵雪梅心中埋下了种子并慢慢酝酿萌发。

会泽县第一幼儿园的区域活动和个别化学习起步相对较晚，所以赵园长决定先从区域活动和一日活动的优化入手。

为此，她在多个方面做了不少探索和尝试，包括从教室布置入手，改变排排坐的传统布局，不断优化小组分区，探索可能空间；从进区活动入手，针对进区前、中、后认真开展教研，转变对幼儿小组活动和自主游戏的认识；从区域材料入手，关注材料投放的适宜性；从一日活动的合理优化入手，对幼儿一日活动中集中教育、户外、区域和生活活动等进行重新规划；加强教学与科研，帮助教师学习观察，读懂儿童、读懂游戏，提升教师基于儿童观察的游戏分析和指导能力。

2021年春季学期，赵雪梅更是带领教研组大胆扔掉了既定教材这支使用多年的"拐杖"，结合县级课题，自主研究开发出更加适宜的生活化、游戏化、本土化园本课程和班本课程。目前，各教研组的主题课程均以思维导图的形式制作完成，之后将会结合实施过程中幼儿的发展需要作出调整和完善，计划在本学期结束时，基本完成第一本园本课程。

赵雪梅解释说，以往幼儿园更多的是被动地去适应，在问题发生后才想着去应对。经过在上海的培训学习后，她越发意识到作为园长，要树立主动调适外部环境的意识。如同英国学者查尔德认为的那样，组织并不总是被动地适应环境，组织同时有机会和能力去重新塑造环境以满足自身的目标。

因此，赵雪梅希望通过主动、积极的战略行为来适应外界的变化，进而影响其变化的方向、节奏与结果，改善所处环境以求得更加有利的地位。这不仅包括基础设施的建设，更在于教师和课程等软实力的创新提升。

资源联动，创新驱动，推进幼教发展

在幼儿园与家长的关系问题上，赵雪梅也进行了很多创新性思考。俗话说，金杯银杯不如家长的口碑。家长既是幼儿园的服务对象，也是幼儿园教育的合作者和幼儿园声誉的传播者。在赵园长看来，幼儿园要处理好与家长之间的关系，就必须结合自身发展规划，充分了解家长的需求，并将家长的关注和需求引向合理、科学、与幼儿园发展一致的方向。

为此，赵雪梅积极挖掘创新交流途径，包括通过幼儿入园和离园时的简短谈话、家访、电话访谈等，保证幼儿园与家长之间沟通顺畅；通过家长会、亲子活动、家长开放日、家长学校、专题讲座等，让家长了解幼儿园的教育教学理念、班级活动、幼儿发展情况、科学育儿知识；此外，她还带头运用新媒体技术，如微信群、微信公众号、QQ 群等，拉近家园距离，让家长有更多的发言权，让家园对话更加顺畅。

新园处于老旧的居民区，赵雪梅也在处理同周边社区的关系上下了不少功夫。为保障园所的安全，她与街道社区、社区医院、派出所、消防队、交警队都保持了密切联系和良好互动，连同专业力量为孩子们的安全保驾护航。

日常工作中，她经常运用社会教育资源丰富一幼的教育活动。比如参与街道养老院的"老少同乐，重阳敬老"活动，让孩子们以实际行动表达对爷爷奶奶的爱；在"读书活动道德讲堂"活动中，邀请交警来园，与孩子们零距离互动，教授孩子们交通知识。

此外，在如今的信息时代，媒体传播速度之快，经常让幼儿园瞬间展示在公众面前。作为新时期的幼儿园园长，赵雪梅不仅苦练内功，还精于修炼外功，争做内外兼修的领航人。她在开展幼儿园

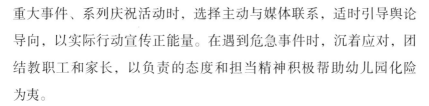

重大事件、系列庆祝活动时，选择主动与媒体联系，适时引导舆论导向，以实际行动宣传正能量。在遇到危急事件时，沉着应对，团结教职工和家长，以负责的态度和担当精神积极帮助幼儿园化险为夷。

面对不断变化的外部环境，赵雪梅并不害怕改变，反而将其视为机遇。因为她觉得，幼儿园要长远生存和发展，就必须与其他组织良性竞争并拥有更多的优势资源，努力调适外部环境有助于幼儿园获得更加广阔及优质的生存空间。

小爱支撑大爱，包容成全事业

然而，世事难两全。自 2016 年担任会泽县第一幼儿园园长一职以来，赵雪梅的工作一直繁忙，几乎无暇照顾家庭。

2019 年暑假，赵雪梅原本计划带中考结束的女儿到北京探望两年未见的母亲，因时值幼儿园整体搬迁工程建设的关键收官阶段，她最终选择了委屈自己的母亲和女儿，为的是让幼儿园这个"大家庭"的同事、孩子和家长们满意。初中刚毕业的女儿独自一人前往北京看望外婆，赵雪梅只能在电话里向母亲表达歉意。

整个暑假，赵雪梅天天泡在工地上，有时候一天到晚都喝不上一口水，吃不上一口饭。当假期即将结束的某天晚上，她看到女儿把住校行李已经收拾好打好包，这才意识到女儿明天就要开学了。

面对女儿的抱怨和撒娇："明天我就要上高中了，以后都住在学校里，一个星期才能见一次面。整整一个假期，你都没有好好陪我吃过一顿饭，哪有您这么狠心的妈妈！"赵雪梅作为母亲那柔软的心终于绷不住了，眼泪止不住地刷刷流了下来。

2020 年 7 月，由于城区新建了三所幼儿园，需要大量幼儿教师。

作为全县唯一一所示范性幼儿园，在教师紧缺的情况下，赵雪梅所在的一幼还是输出了 16 名成熟型骨干教师支援新园。这也就意味着接下来的暑假，一幼急需招考大量的新教师，将是一段非常忙碌的时期。

可谁知，暑假刚开始，赵雪梅的公公因急性肺栓塞住进 ICU 病房，婆婆年纪大且身体不好，照顾公公的责任就落在了赵雪梅和她丈夫的身上。她一边照顾老人，一边忙于招考老师、招收新生，自己的女儿又无奈地被"晾"在一边。

更没想到的是，屋漏偏逢连夜雨。新学期开学第一天，赵雪梅的丈夫在去医院照顾老人的路上发生车祸，导致左上肢及左臂关节粉碎性骨折，必须立即做手术。千头万绪的工作和压力扑面而来，但她依旧没有丢下幼儿园的工作，只能恳求医生尽量将丈夫的手术安排在周末。

虽然手术很顺利，但术后恢复限制了正常的活动，赵雪梅的丈夫必须全天有人照料。她在坚持了两天后，还是请来了最好的朋友帮她在白天照顾自己的丈夫，等幼儿园下班后换朋友回去休息。同病房的人对此都十分不解，认为她抛下受伤的丈夫，是没有良心的行为。直到现在，这仍是赵雪梅心中一个永远的心结和遗憾。

面对家庭，赵雪梅是愧疚的。她自认不是一个合格的女儿、母亲和妻子。但家人总是给予包容和支持，让她可以全身心地扑向自己的事业。她甚至觉得这份事业简直是她的宿命。

难以两全的事，必要有取舍。赵雪梅给出了自己的答案。可是只要一走进幼儿园，赵雪梅总是被孩子们的笑容扫空心中的阴霾与落寞。

每一个孩子的平安与快乐，一幼的成绩与荣耀，又何尝没有赵雪梅家人的一份功劳？她的事业里有自己也有家人，有大爱也有小

爱，她有取舍，但不孤单。

直面疫情，坚持停课不停教

2020 年，突如其来的新冠疫情改变和影响了所有人的生活和工作。全球各地的公共活动，几乎都因此按下了暂停键。自疫情防控开展以来，会泽县第一幼儿园也在赵雪梅园长的带领下，主动根据学校教学实情，积极采取措施，确保师生停课不停教、停课不停研。

各个班级的教师纷纷通过公众号、微信群等，采用视频录制教学，开启了线上宅家小课堂。亲子阅读、手工制作、亲子游戏、有趣的实验……家园互动的精彩程度丝毫没有受到疫情影响，"宅"家的日子也变得十分有趣。同时，赵园长也十分关注疫情期间孩子生理、心理的变化和问题，均给予了家长适时的指导。

在赵雪梅园长的领导下，各教研组长召开网络会议，积极开展教研工作，对新学期的教研计划进行讨论，对工作重点进行细化；各教研组又通过网络会议，组织教师进一步研讨疫情防控期间的各项教学工作，让每位教师做到心中有数，让"停课不停研"落地有声。

2021 年秋季，新学期开始时，会泽县第一幼儿园为确保入园后各项工作的安全有序开展，特别对全园的基础设施、水、电、食堂、户外大型玩具、消防设备和校园周边环境进行了"地毯式"排查。各教研组重点对班级水、电、门窗、教学设备等进行了严格检查。结合开学疫情防控、预防秋季流行疾病，幼儿园卫生保健组以爱国卫生运动的七项专项行动为契机，对园内公共卫生间、洗手池、校园环境以及各班的卫生间、盥洗室进行重点排查。

园后勤组还根据工作要求，对全体保育员及营养员开展了新冠肺炎防控的培训，对消毒时需要做好哪些防护、消毒剂如何使用、规范的消毒方法等进行了详细的说明和介绍。保健医生和全体食堂工作人员利用网络进行了"疫情期间托幼机构如何开展卫生保健工作""隔离不隔爱，营养你我他"等培训，为开学后的卫生保健、食品安全等提供保障。

每每谈及会泽县第一幼儿园，赵雪梅总是饱含深情，原来这也正是她小时候上过的幼儿园。从学生到教师，再到园长，这样的身份转换不是每个人都能拥有的幸运，所以她格外珍惜，也格外爱护与一幼的这段缘分。

整体搬迁新校址后，幼儿园的孩子从原来的 600 多名增加到了如今的 800 多名，办园质量的提升也正吸引着越来越多家长前来报名。赵雪梅说，她肩上的担子似乎变得更重了。

耕耘不辍，为学校教育事业华美"蜕变"

一个个园本课程的建立、一个个荣誉评级的取得，都是对赵雪梅园长及其带领的全体教职员工最好的激励。

多年来，在县委、县政府的关心重视下，在县教育局的精心指导和社会各界的帮助支持下，一幼秉承"以爱为基、以实为本"的办园宗旨，坚持"家园携手，共同培养向上、向善、有道德的孩子"的办园思想，近年来已先后荣获"云南省文明单位""云南省文明学校""曲靖市五星级文明单位""云南省巾帼文明岗""曲靖市巾帼文明岗""会泽县党建工作示范点"等各类荣誉称号。

可以说，如今的会泽县第一幼儿园正沐浴着学前教育改革发展的春风，像一只破茧而出的七彩蝴蝶，承载着当地人民的期待，翩翩起舞，迎来更加华丽的蜕变。而会泽古城中的那抹暖阳不仅照耀在一幼的老桂花树上，同时也把赵雪梅园长照得分外动人。

近半辈子的探索与前行，也将赵雪梅与会泽县第一幼儿园紧紧关联在一起。

这里不仅是她梦想起航的地方，也是她满怀温馨与爱的"第二个港湾"。

这里有她爱的孩子，这里有她闪光的梦想，有她如傲雪梅花般的坚毅，更有她坚持践行的饱含温度的学前教育事业。

说普通话　持平凡心　绘千般景
——新疆伊宁市第一小学斯拉扑力的故事

"我的父母都是伊宁当地非常普通的工人。我也是一名非常普通的教师。"尽管带着一些口音，斯拉扑力的普通话非常流利，他如此质朴地介绍自己。

"普通"，当然首先是斯拉扑力的谦虚之词。他 2006 年毕业于新疆大学数学与系统科学学院，从教 15 年，凭着对事业的热爱、对学生的用心，先后在多项教学能力大赛中荣获一等奖，并多次被评为校级、市级和州级"优秀教师""教学能手"，还多次荣获各级"民族团结先进个人"荣誉称号。

但"普通"却是斯拉扑力绕不开的一个词。很难想象的是，如今一口流利普通话的斯拉扑力，曾经连用普通话问路都很困难，也因为说不好普通话遭到前辈质疑。

普通话，不普通。对他是如此，对他的学生更是如此。斯拉扑力深深地知道。

"说不出口"的地址

不到新疆不知中国之大，不到伊犁不知新疆之美。这个因如画美景频频被列为"此生必去"的地方，就是斯拉扑力的家乡，1982 年他出生在这里。伊犁得名于伊犁河，寓意光明显达，形容河水在太阳照耀下碧波粼粼的样子。就像这里的生活，宁静而安逸。这样的景色与氛围也滋养着小小的斯拉扑力，养成了他沉稳、质朴、温润的性格。

斯拉扑力十分安于此，也曾经以为生活会永远如此。直到 2001 年 9 月，成绩优异的他被新疆大学录取，第一次走出家门，走向自治区首府乌鲁木齐。

尽管仍在自治区内，但第一次去到乌市这样的大城市，父亲还是不放心，亲自送他到学校办完报到手续才离开。孝顺的斯拉扑力坚持要去火车站送别父亲，一番依依不舍后，发现自己忘了回学校的路。

彼时，互联网还没有如今这么发达，没有智能手机，没有导航软件，外出都靠一张纸质地图走天下，否则，就只有问路。

但对斯拉扑力来说，问路，是一件极其头疼的事情。

"当时，我不知道怎么用普通话表达我是新疆大学的学生，只隐约记得学校在一条和朋友相关的路上。"斯拉扑力眼里闪着笑意，带着些自嘲又带着些怀念，"手边又没有地图，于是硬着头皮上前问路——您好，请问朋友路在哪里？"

连续几个路人都不知道朋友路在哪里。眼看天就要黑了，如果再找不到回去的路可就惨了，斯拉扑力当时急得满头大汗。

他又一次尝试，这次他试图说得慢一点："朋——友——路，你知道怎么走吗？"好在这位路人十分热心，一听他的口音是外地的，就仔细帮他寻找。可是，朋友路在哪里？这个人也一头雾水。后来路人用本民族语言问他，你想去的地方，有没有标志性的建筑或名称？斯拉扑力一听是老乡，便轻松了一大截，他告诉对方，自己是新疆大学的新生，正准备回学校。

于是路人终于想起来了，新疆大学所在的那条路是友谊路！不是朋友路！

"那会儿自己的普通话水平真的很差，完全不知道怎么清楚地表达自己。在我的理解中，朋友就是友谊。"斯拉扑力如今自己也觉得好笑。

说到自己当时普通话这么差，斯拉扑力的记忆被牵回到了童年。当时，在伊犁当地有以本民族语言为办学语言的民语学校，也有以普通话为办学语言的普通话学校。斯拉扑力上的就是民语学校。由于没有上过幼儿园，直接上了民语学校的一年级，身边的小伙伴也都是用民族语言交流，斯拉扑力小时候从未意识到说普通话的重要性。

"其实那个时候也是有普通话课的，一周有三节。可是我们那位普通话老师自己的普通话也不标准。说了半天也说不明白，最后还是用民族语言交流。"斯拉扑力回忆说。

直到上了高三，斯拉扑力遇到了一位普通话十分标准、流利的普通话老师，这位老师向学生们介绍了内陆和沿海地区的发展状况，并告诉大家普通话是了解与学习中华民族悠久历史文化最基本的途径，也是面向世界、面向未来、面向现代化需要掌握的基本技能。老师还说，国家全面推广普通话有利于少数民族地区的人们走出去，学习更多的知识，开阔自己的眼界，有利于把"客人"请进来，带动民族地区收入水平的多元化发展。此外，现在大部分少数民族地区都以大杂居、小聚居环境为主，复杂的语言环境也要求各族人民学会一种通用语言进行交际活动与社会生产。令斯拉扑力印象最深的是，老师说国家进行普通话的推广，是为了推进社会公平，这样更有利于各族人民相互了解，缩短距离，共同进步。

"老师这番话，当时对我真是有些醍醐灌顶的感觉。我甚至想去内地读书，考内地的大学，去普通话的环境里读书学习。"斯拉扑力至今还记得那种被提点、被点亮的心情。

只是斯拉扑力最终没有成行，去内地读书的愿望遭到了父母的反对，他们认为内地学校离家太远，最好就上本地的伊犁师范学院。斯拉扑力有些不甘心，向刚毕业的学姐打听，学姐表示伊犁师范学院的语言环境不如乌鲁木齐好，于是，他结合自己的实际分数情况，填报了在乌鲁木齐的新疆大学。这才有了啼笑皆非的问路一幕。

从"不会说"到"想要说"，斯拉扑力的经历其实很简单。与其说是那位普通话老师激励了他和他的同学们，不如说是时代发展至此，学好普通话、教好普通话、推广普通话的时代责任已经落到了斯拉扑力这一代人的肩膀上。

"啃下"《新华字典》

刚进学校，斯拉扑力是有些担心的，生怕自己普通话不好而跟不上课程。好在进入大学后，之前在民语学校上学的学生，都要进入预科班进行为期一年的普通话学习。预科班分快慢班，学生首先要进行汉语水平测试，如果考到三级及以上就可以进入快班。斯拉扑力刚好考到三级，便以最低等级进入了快班。

可是，进去之后，情况并不乐观。

"同学，刚才是你敲的门吗？"教普通话的老师的第一句话，斯拉扑力就没听懂。

以后的每节课，他全靠普通话好的同学给他翻译老师所提的问题。

一次，在语文精读课上，他被叫起来读文章的第一段。读完后，老师问他是从哪里来的，他说是从伊犁来的。老师十分诧异，伊犁来的学生，普通话一般不会这么差的；然后告诉他，为期一年的预科班结束后，要进行汉语水平等级考试，必须要达到六级及以上才能进入高年级学习，否则就要留级。

斯拉扑力的父母都是收入微薄的普通工人，如果多读一年，意味着父母肩上的重担要多挑一年。他想起父母的艰辛，再看看自己的普通话水平，感觉心头像压了一座沉甸甸的大山。他利用课余时间，翻阅《新华字典》，逐字逐句地仔细研读、刻苦练习。一本崭新的《新华字典》，不久便被翻得皱皱巴巴的，那都是斯拉扑力进步的印迹。

功夫不负有心人，斯拉扑力的普通话水平进步很大。在一次语文精读课上，老师给大家准备了图片，让大家看图写话。当时斯拉扑力就用了他刚自学来的两个成语"来来往往"与"五颜六色"。第二天老师挑选了几个写得好的学生，让他们把自己的作文读给大家听，斯拉扑力就是其中一位。读完了以后，老师说："我们班汉语测试考七八级的同学，写短文都用的是最简单的词语，但是斯拉扑力在文章中连用了两个成语，我相信他最后肯定能以优异的成绩从预科班毕业！"

从"说不出口""入不了耳"到学会用成语、被老师表扬，一路的苦学没有白费。那一夜，斯拉扑力激动得在床上翻来覆去没睡着。

他感受到了学习普通话的乐趣，也意识到，学好普通话是多么重要的一件事。

普通话，又是普通话

2006年10月，刚刚毕业的斯拉扑力终于实现了成为一名人民教师的梦想。参加工作伊始，根据学校的安排，他接手了一年级双语班的数学课。

斯拉扑力深深记得第一次上课的场景。他紧张而激动地走进教室，面对一年级孩子那几十双清澈的眼睛，他有些忐忑不安；面对时不时举起的一只只小手，他有些应接不暇；面对课堂上突发的各种状况，他更是不知所措。职业生涯的开始有些跌跌撞撞，所幸斯拉扑力并不是急性子，他沉下心学习、摸索，慢慢也有模有样起来。

不久，他迎来了人生的第一堂公开课。斯拉扑力很兴奋，也认为自己做足了准备。他走上讲台，激情飞扬地讲完一节课。可惜，并没有得到预期中的好评，反而被前辈指责："这是算什么公开课？一点水平都没有！"

斯拉扑力觉得委屈，任教双语班数学课的几个老师都是刚参加工作的年轻教师，而其他老师都是用民族语言授课的教师。所以，斯拉扑力一开始在专业和教学方面得不到指导，全靠自己努力，也没磨过课，也没有试讲。这句话，对一位满怀激情的年轻老师而言，打击无疑是致命的。

这次失败后，斯拉扑力不甘心，决心要在学科教育上精进，他买来特级教案，按名师的教案上课。但是他发现，那些特级教案并不适合自己学生的实际情况。

"为什么我完全按名师的思路去上课，反而课堂教学效果不理想呢？"斯拉扑力觉得很纳闷。

在斯拉扑力为课堂效率低下而着急的那些日子里，伊宁市教育局、伊宁市教研培训中心领导决定，在寒暑假对全市双语教师进行为期10天的培训。根据此项规定，他前后参加了四个寒暑假的培训学习。培训期间，教研员和各小学的教学能手，在学习新课标、教材解析和课堂教学实际等方面对他们进行了系统而全面的培训。

看到斯拉扑力的成长，校领导决定让他参加伊宁市第二届课堂教学比赛。靠三年的教学实践和学习培训中积累的经验，再加上孩子们的积极配合和他精心的准备，整节课上得很成功。

但，也暴露了一个很严重的问题。

"你的专业很扎实，但普通话有很大问题，需要大大提高！"

"你现在教一年级，学生还不知道你的发音不标准；如果到了三四年级，他们一旦发现你的发音不准，就会不信任你，这样也会影响你的教学。"

教研员的一番话再一次点醒了斯拉扑力：学科教学上的进步只是天平的一边，如果没有普通话的支撑，那么整个教学仍然是失衡的。

斯拉扑力意识到学好普通话的紧迫性。《新华字典》在大学里是学透了，现在就跟着《新闻联播》学吧。于是，他跟着央视的主持人有模有样地学起来。

这一幕，似曾相识。

只可惜，啃得下《新华字典》的斯拉扑力，怎么也学不好发音，他总觉得还是讲不清楚。更大的困难是，在他的语言环境里，不仅没人指导，也没有人可以进行语言交流。

普通话，又是普通话！从学生时代到职业生涯，难道要一直被这个"拦路虎"难倒？斯拉扑力不甘心。

从伊犁到上海，无问西东

正当斯拉扑力一筹莫展的时候，教育局的同事给他带来了一个好消息，说有一个由教育部委托上海市教育委员会举办的"新疆少数民族骨干教师培训"的学习机会。

斯拉扑力欣喜万分，事不宜迟，他立即找到校长把自己想参加培训的愿望进行了汇报。虽然当时学校的师资还比较缺乏，但考虑到这是个成长的好机会，校长同意了他的请求。

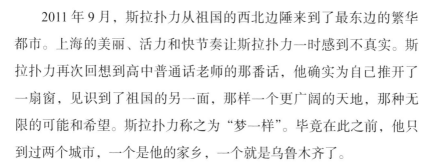

2011 年 9 月，斯拉扑力从祖国的西北边陲来到了最东边的繁华都市。上海的美丽、活力和快节奏让斯拉扑力一时感到不真实。斯拉扑力再次回想到高中普通话老师的那番话，他确实为自己推开了一扇窗，见识到了祖国的另一面，那样一个更广阔的天地，那种无限的可能和希望。斯拉扑力称之为"梦一样"。毕竟在此之前，他只到过两个城市，一个是他的家乡，一个就是乌鲁木齐了。

满怀憧憬和希望的感觉真的很好。斯拉扑力暗暗告诉自己，一定要珍惜这次机会，一定要学有所成，把这样的感觉带回伊犁，带给他的学生们。

"上海市师资培训中心给我们安排的那些老师水平都特别高，他们对我们也非常热情。"

斯拉扑力和来自新疆其他少数民族地区的 100 多位教师来到上海后，上海市师资培训中心的领导和老师们热情地接待了他们，并为他们制定了科学合理的培训课程。为期一年的学习分为上下两个学期。第一学期主要是通过基础语音、文本精读、写作等课程的学习，来提升学员的汉语应用能力和普通话表达能力；第二学期主要是跟岗实习，对专业能力进行提升。

转眼一学期过去，斯拉扑力终于在上海这样的语言环境里练就一口比较流利的普通话。2012 年初，斯拉扑力被分到上海教育资源雄厚的徐汇区田林一小进行实习。来到田林一小后，学校领导首先对他们想得到什么样专业发展进行了解，然后按他们的需求每人分配一名带教师父。斯拉扑力的带教师父是一位教学经验丰富的数学老师。斯拉扑力每天在课前认真钻研教材，对所学内容进行预习；听课过程中做好详细记录；听完后，他都会及时反思并与带教师父一起进行研讨。刚开始斯拉扑力还比较腼腆，每次都是师父和其他老师说什么是什么，后来跟大家熟了，在老师们的鼓励下，他也开始对课堂中的反思与同事大胆地交流。

在实习过程中，斯拉扑力听了从算筹到计算器、可能性等几十节专业课。他努力学习先进的教学方法，全面锻炼和提高自己的普通话授课能力和自身的综合素质，并做到了理论与实践的较好融合。

尽管已经过去了十年，斯拉扑力想起当时每日的学习和实习仍然记得那种快乐和干劲十足。工作之外，与汉族同仁朝夕相处的每一天也让斯拉扑力感到温暖愉悦。

斯拉扑力记得，有一天一名学员晕倒了，身为组长的斯拉扑力立即把学员送到附近的医院。田林一小的校长听到这件事，第一时间就赶到了医院，对学员嘘寒问暖。午饭时间到了，校长关切地问学员想吃什么、喝什么汤，要回家给她煲一份。

"虽然民族之间有很多习俗上的差异，但也阻碍不了彼此之间那份真切的关心，而这份关心在这样的时刻会让相互间的情谊更显珍贵。"十年过去了，斯拉扑力感动依旧。

有些记忆可以言说，有些心底的感情斯拉扑力却要用唱的。

"看晚星多明亮，闪耀着金光，脑海中浮现出，亲人的脸庞……"

这是由十年前斯拉扑力所在培训班的班主任陈欣老师改编自意大利民歌《桑塔露琪亚》的《思念在远方》。

据上海市师资培训中心的陈欣老师回忆，历届新疆学员在上海学习都会经历一个心路历程：强烈的思乡情结。她说，思乡乃人之常情，对于常人来说，离开亲人远赴千里之外培训一年并不轻松。大部分学员从未离开过家乡，单一的生活环境容易形成比较狭隘的思维和有限的眼界，学员们难以较好地调节自己纷乱的心绪。她想到，新疆的人们能歌善舞，学员热爱歌舞，他们乐意在一起用歌声来表达自己的情怀。于是，她开始尝试教唱一些内容紧扣培训生活的歌曲。

她首先为学员改编了一首思念家乡的歌曲，歌曲的旋律取自意大利民歌《桑塔露琪亚》，重新改写的歌词，充分表达了对故乡的思念以及对亲友家人的牵挂。当年，学员们在歌曲的结尾呼唤出"故乡啊故乡，美丽的新疆"时，很投入，情感也很充沛，不少人眼含热泪。

那一刻，音乐成为大家最好的沟通方式，歌唱成为最好的倾吐途径，陈欣老师认为这些专门为学员改编的歌曲比任何劝解都更具有宽慰力量。

"我们刚来上海的时候，确实很想念家乡。有的学员甚至因为过度思念家乡而无法参加正常的培训课程。陈老师就想办法为我们改编了很多能释放我们思乡情感的歌曲。不仅如此，他们围绕我们民族的节日，鼓励我们开展丰富的联谊活动；还利用早自修的 30 分钟时间，两周一次向我们介绍一些音乐作品或著名的音乐活动，如维也纳新年音乐会、上海辰山植物园草地音乐会，引导我们欣赏一些著名的乐曲或乐段。渐渐地，我们的眼界开阔了，也就觉得故乡并不遥远了。现在，我也会经常哼唱这首歌，它对我来说就是上海培训之旅的美好缩影。"

斯拉扑力很感激上海市师资培训中心为他们所做的一切。他说："改编再创作歌词也是学习普通话的过程，通过音乐的浸润，增强了我们对中华文化的认同感。"

家乡在祖国的西边，身在祖国的东边，又常常在领略外国的艺术之美，斯拉扑力和同仁们为这种打破的边界感和时空感着迷。他在上海学习和感受到的不仅仅是专业上的知识，更是一种开放包容的格局。一些事情在悄悄地改变，小城青年正在慢慢打开自己。

回到伊犁，做一株蒲公英

"我们可以用自己的力量，设计一个培训课程，不要只等着国家或政府来投资培训，才开始学习。国家培训了我们，我们回到本地，要创造条件，组建一支师资队伍，带动更多人发展。"完成一年的培训后，斯拉扑力决心把上海的学习成果带到家乡，落地生根。但他个人的力量是薄弱的，他要带动更多的老师一起加入。提高师资队伍水平，家乡的学生们才能最大程度受益。

回到学校后，斯拉扑力被安排担任学校的教科室副主任，主要负责对学校语言水平不高的教师进行普通话和专业技能的培训。在自身责任心的驱使与校领导的信任下，斯拉扑力牵头凝聚了一股强劲的师资力量。他们首先通过演讲比赛、诵读会、粉笔字、钢笔字等多种形式，对自己学校的民语教师进行培训，再由自己学校辐射到本片区的学校。这个做法获得了很好的反响，得到了伊宁市教育局的高度认可。于是市教育局决定扩大培训面，利用寒暑假对市里的教师进行集中培训。

刚开始，斯拉扑力只是"种子培训工程"里的一名学员，2015年被评为"伊犁州自治区区级教学能手"以后，他便成为这个工作室的主持人，直接负责对骨干教师的培训。

在培训的过程中，斯拉扑力也面临着一些问题。一方面的问题来自自身：离开了上海，就没有唾手可得的学习机会和资源，怎样获得更先进的教学理念和方法？斯拉扑力就上网查资料，听名师的讲座和课程，再把所学到的先进理念提炼总结后，传达给被培训的教师学员。另一方面的困惑来自被培训的学员：学员们容易倦怠，积极性不高。为了提高学员的积极性，斯拉扑力带领着团队改进培训方式，先是各种形式的论坛、讲座，再加以小组的形式，进行集体备课、现场磨课、现场说课。有时候，学员们学累了，他就给学员们讲自己在上海的所见所闻："去了上海以后，我最大的感触就是上海人的生活节奏特别快，每个人都在努力，都在学习。"他现身说法，告诉老师们保持终身学习的重要性，许多老师深受感染，并将他那种爱看书、乐于接受新事物的终身学习习惯，内化于心，外化于行。

给老师们培训的时候，斯拉扑力常常想起那个普通话不流利的普通话老师，想起自己小时候懵懵懂懂错过的许多知识和机会、眼界和格局。他知道，通过他和老师们的努力，这样的事会越来越少，直至消失。

未来已来

在上海培训已经过去了十年。这十年，无论是新疆还是伊犁都发生了巨大的变化。斯拉扑力说："2012 年，我从上海回来的时候，已经全面推行普通话教学了。从那个时候起，国家就在学前教育投资很大，学前教育也抓得比较严，所以，学生从一年级开始，就有了用普通话听课的能力。"

这与斯拉扑力小时候已是全然不同的光景。

这让斯拉扑力对未来充满了信心，因为学生们已经不受语言的阻碍，可以自由地阅读、浏览、交流甚至是实地探寻，和外地所有的孩子一样，拥有更宽广的视野，感受祖国的美丽与伟大。

而说起自己，斯拉扑力又变得谦逊起来，"还是做一名普通的数学老师"。

尽管眼界、心境已大不相同，斯拉扑力一直是那个守住本心的人。如果非要说不一样，那便是他为太多孩子绘就了风景，推开了大门，让他们奔向未来。

成为终身学习的践行者

——新疆鄯善阿布里孜的故事

"走出新疆，来到上海。看到六十多岁的老年人还在学习，感到很震撼。"阿布里孜·阿不都热合曼缓缓回忆着。那种回忆像一道阳光，让阿布里孜感到温暖，也感到力量。

彼时的阿布里孜做老师也有几年了，生活平静的表面上，突然洒下的那道阳光，点亮了阿布里孜想要终身学习的念想。这个念想越演越烈，他决定：辞职，去深造。

时间如梭，那个二十出头的小伙子如今四十岁了，来到了读博的第六年，也是他漫长求学路的毕业之年。戴着一副黑框眼镜，"博士样"十足的阿布里孜笑着说自己刚度过最艰难的时刻——完成博士论文里的化学实验部分，语气里尽是满足与坚定。

如果四十真的可以不惑，那阿布里孜就是那个不惑的人。

出身教师之家，学习是从不动摇的念头

提到新疆鄯善，也许你有些陌生。

但，提到楼兰，你一定很熟悉。唐代王昌龄的千古名句"黄沙百战穿金甲，不破楼兰终不还"，今天依旧脍炙人口。汉昭帝元凤四年（公元前 77 年），楼兰国改为鄯善国，从此，这条丝绸之路上的驼铃声不绝于耳。今天的鄯善县位于新疆吐鲁番盆地东侧，有着中国第一个大型侏罗系油田，区位优越、交通便利，是乌鲁木齐一小

时经济圈的重要组成部分。这里也是离沙漠最近的城市。沙漠与城市仅一条马路之隔。

阿布里孜就出生在鄯善县美丽的辟展乡小东湖。他的父亲是一名语文教师，他的母亲原本也是一位教师，后来因为身体原因离岗了。阿布里孜家里一共六个兄弟姐妹，他在家中排行老六。他的三个姐姐全是教师，他的三个姐夫也是教师。受家庭环境的影响，阿布里孜，也喜欢做一名教师。

这种喜欢，是耳濡目染，也是与生俱来。

但在阿布里孜读高一的那一年，父亲因病去世了。父亲一直很重视教育，是家里最重要的经济支柱，也是一个非常有担当的男人。父亲的突然离世就像房屋被抽了房梁，对阿布里孜的打击是巨大的。

在父亲的葬礼上，三姐看出了阿布里孜的心事，她对阿布里孜说："虽然爸爸走了，但还有我们，你好好上你的学。"

"条件还允许我上学吗？"阿布里孜有些担心。每每想起家里父亲的重任落在了母亲的肩上，加之近几年母亲身体也不是很好时，他会经常对自己说，应该早日承担对家庭的责任。高三的时候，面对沉重的学业压力，对于是否读大学他有些摇摆不定。母亲对他说："只要我活着，你就必须得上大学。"母亲的这句话，给阿布里孜吃了一颗定心丸。于是他更加努力地学习，终于在 2001 年 9 月考上了新疆师范大学生命与环境学院化学教育专业。

2006 年，阿布里孜从新疆师范大学毕业。刚毕业的时候，他本想考研继续深造的。但这一年，母亲的身体却日渐羸弱。为了实现母亲的心愿，他选择到鄯善县第一中学高中部担任化学教师。

幸运的是，阿布里孜工作以后，母亲的身体也渐渐好转起来。阿布里孜一边踏实工作，一边怀揣深造的愿望。这颗愿望的种子深埋心里，阿布里孜也不知道哪天它会破土而出。但总会有那么一天，他坚信。

入职就坐冷板凳？祸兮福之所倚

既来之，则安之。阿布里孜这个凡事认真的小伙平静地过着高中教师的生活。对这份职业，他无疑是热爱的，可他却不得不在刚入职的第一学期，面对质疑。

一次，校领导在开会的时候，特意把阿布里孜留下来，对他说："从你入职以来的工作情况看，我们觉得你不太适合教书，下学期会安排你去实验室工作。"

阿布里孜很诧异，到底是什么让校领导认为自己不适合教书？成绩？自己所带的班级，化学成绩一直是年级前三。品行？自己无任何不良嗜好，品行一直很端正。与同事之间的关系？自己刚入职半年，与同事相处和睦。

作为初出茅庐的职场新人，阿布里孜陷入了困惑。

无论如何，去不去实验室这件事已不再是阿布里孜可以选择的了。他很快调整心态，面对自己工作的调动。他也不再想去追问一个答案，把手头的本职工作做好，总会再有转机。

阿布里孜虽然执着，却不是一个钻牛角尖的人。

就这样，阿布里孜成了一名实验室管理员。在实验室里，他主要负责维护和管理实验器材，不再像做任课教师那样繁忙，得以有大把的空余时间。阿布里孜心里的那颗种子，还在渐渐发芽。

如果说调去实验室对年轻的阿布里孜来说是一场"祸"，那么也就验证了"祸兮福之所倚"的道理。他利用空闲时间看书、查资料，不仅研读了许多本专业的著作，也对自己的人生观、职业观进行了深入的思考。

他在实验室里工作，也在实验室中深造。改变和进步或许连他自己都没有察觉，这在悄悄地滋养着那颗种子。

再度任教，渐悟教育本质

踏实、求进的阿布里孜在实验室的工作只做了一年。很快，他便再度任教。

再回课堂，他被安排继续带高一的化学。学校的公开课、县级的公开课，他一次也不落。专业获得认可的他，与学生的感情也日渐升温。

"祝你生日快乐，祝你生日快乐……"

"今天你们谁过生日？"

"是你呀，老师！"

一进教室门，学生们大声唱着生日歌，阿布里孜有些吃惊。原来沉迷于工作的阿布里孜，早已忘了这一天是自己的生日。他很感动，学生还记得。

这一天，学生还给他讲了许多笑话来逗他乐。

"我一直认为教学是师生互动交流、共同学习、共同进步的过程，树立正确的学生观有助于引发学生对学习的兴趣，从而更好地激发学生学习的主动性和积极性。而平等是师生之间相处的基础和前提条件，教师对学生的教育是平等的，而不是高高在上的。"

阿布里孜认为教师在教书育人，使学生获得知识、提升技能的同时，教师自身也获得了提升与成长。"学生的存在可以促进教师不断提升自我修养、提高教学能力，也正是学生的进步，使教师感觉到加强自身学习的紧迫感。古人云：闻道有先后，术业有专攻。教师和学生对知识的掌握是先知和后知的关系，或者是在某一领域比学生先知，而学生的发展进步也是极为迅速的，因此教师和学生之间应互相学习、平等友好地相处。"

教学中，阿布里孜也经常会遇到学生作业不能按时完成、听课效率低下、学习态度不端正等情况，但他总是提醒自己要用发展的观点看问题，用发展的眼光看待每一位学生。

"世界上所有的事物都处在不断的变化发展中，处于教育两端的教师和学生也是如此。学生是发展的人，具有巨大的潜力，教师不能用静止的眼光看待学生，要认识到学生都会有进步。"

阿布里孜认为，学习和做人都是一个长期积累的过程，无法做到一蹴而就，教师要督促学生做好量变的准备，促进质变的发生。因此，他总是极其耐心地帮助学生解答疑惑。教高三的那一年，他带的学生都取得了不错的成绩。

十多年过去了，阿布里孜的学生观从未有过任何变化，他说他与他的学生都很享受这种平等和谐的师生关系。

上海之行唤醒了心中的种子

2010年，去上海参加新疆骨干教师双语培训的师姐回来跟阿布里孜聊天，说上海的学习环境很好，上海市师资培训中心的平台也非常好，资源很丰富。师姐鼓励他出去看看。于是，他就产生了想去上海一看究竟的念头。

刚好新一期的新疆骨干教师双语培训又要开始了，他立即向校领导打了申请。

十年过去了，阿布里孜回想起在上海的经历，印象最深刻的片段是在上海师范大学的校园里经常会碰到一群六七十岁的爷爷奶奶。阿布里孜很好奇为什么他们会出现在高校里。有一天，他忍不住上前询问。这群爷爷奶奶十分有精气神儿地告诉他，他们是这里老年大学的学生。当时，阿布里孜感到既惊讶又震撼，真是活到老，学到老！

"年纪那么大都还在学，我才二十出头，根本没有理由不学习。"如果说曾经想要深造只是深埋阿布里孜心里的一个念想，那么现在，这个念想像一颗发芽的种子一样破土而出了。他要学，要继续学！

在上海的培训，除了半学期的语言培训外，还有半年跟岗实习。他被安排到七宝中学新疆部实习。阿布里孜被这里的系统化教育方式打动。无论是在学科管理上，还是生活安排上，七宝中学都显现出了十足的专业性。例如，在管理方面，无论早晚自习何时开始、何时结束，老师始终与学生在一起，以便学生随时请教问题；在教学方面，老师们有一个公共的网络平台，可以一起听课，一起评课，一起开展教研。

"当时，我深刻地意识到那种拿到毕业证就可以教一辈子书的教师职业生涯观念，已经完全落伍于新时代教育教学实践的需求。时代需要教师通过终身学习实现职业生涯发展，因此每位教师要培养学习能力，充分利用各种机会更新、深化和进一步充实最初获得的知识，理解并应用新理念、新型专业、新知识、新方法，使自己适应快速发展的教育变革以及社会转型。教师必须树立终身学习的理念，必须在整个教师职业生涯发展过程中更新和改进自己的理论知识与教学技能。"

在上海参加培训的时候，阿布里孜已二十八岁。他当时遇到一位四十岁的新疆同乡，这位同乡当时正在上海读硕士，他也鼓励阿布里孜，既然有进修的想法就争取实现。这些所见所闻，让阿布里孜深刻地意识到终身学习是培养个人竞争力的必经之路，也是当代教师的基本生存素质以及职业生涯发展的必由之路。每个教师都必须利用自己一生中各种机会去学习，使自己适应快速发展的教育变革以及社会发展。

对终身学习重要性的认识，使阿布里孜更加坚定了要继续深造的愿望。他说，只有不断学习、不断提高，才有更好的发展。

在职读研，脱产读博，学无止境

回到新疆鄯善县第一中学，在学校的安排下，他又继续带了一年高三。送走这批学生后，他把自己想要深造的想法与学校进行了沟通。经学校同意，他在不脱产的情况下，去考了新疆大学资源与环境学院生态学专业的硕士。三年后，鄯善县第一中学本以为读完硕士后的阿布里孜会继续留下任教，可这一次阿布里孜却选择脱产到更远的沿海城市继续深造读博。

"既然我选择了做这件事情，那其他事情都要让位。"

在读博的路上，阿布里孜也遇到了一些困难。因为硕士学的是植物方向，考博的时候他选择的却是化学，阿布里孜面临着跨学科的考验。又因为自己是土生土长的新疆人，读博的地方在广州，一开始，他甚是水土不服。不过他也找到了解压的好方法——跑步。即使科研任务繁重，阿布里孜也坚持跑步，并且只要一有时间，就会去报名跑马拉松。

"长跑对我传授的一个理念就是过程比较辛苦，但是不可以放弃。这跟学习是一样的。"

其实喜欢跑步，就像阿布里孜喜欢读书、喜欢做老师一样，仿佛与生俱来。他回忆起小时候学校举行春游活动，老师会把学生带到附近的沙山上，在这里进行跑步比赛。其中有一项就是把国旗插到沙山顶上，然后大家一起从山脚向上冲，比谁先拿到国旗。在沙山上奔跑是很难的，但不影响阿布里孜的热情，他每次都会参加，虽然从来没拿到过第一，却依然乐此不疲。

在新疆，节日里家人们总会聚在一起热闹热闹。阿布里孜家里的兄弟姐妹，有的会乐器，有的会唱歌，有的会跳舞。小时候，因不擅歌舞，阿布里孜就经常问母亲自己是不是收养来的。母亲也总是逗他，选择默认。他说，自己喜欢安静的性格促使了自己更好地读书。

"每个人都有属于他自己的闪光点。对我而言，读书不是我的闪光点，但我喜欢做这件事情。我享受过程。"

因为喜欢读书与学习，阿布里孜一路走到现在。

这六年中，做实验、写论文、跑步，成了他的主旋律，他丝毫不觉得枯燥，而是乐在其中。

今年毕业后，阿布里孜打算回新疆的高校继续做一名教师。

"我热爱教育，喜欢跟孩子们在一起。如果有机会我会去支教，为家乡的教育事业做一点贡献。至于怎样才能让孩子学得更好，我认为教无定法。"

当被问起这么多年的求学之路给他的启示时，他回答道，"做一名教师，需要不断地接受新的知识和新的技术，不断更新教育观念、专业知识和能力结构，了解教育和学科最新发展，以使自己的教育观念、知识体系和教学方法等同步于时代的变化。因此，我认为，终身学习是一种能力，它促使每个人的潜能发挥，它既是社会发展对人的要求，也是教育变革对教师职业提出的要求"。

阿布里孜侃侃而谈间充满了笃定和从容。这不是年龄赋予的，而是学习这件事情不断地滋养着他，他吸收着知识的养分，也因此而感到满足。

二十岁，四十岁，无论多少岁，阿布里孜都是学习之路上坚定的前行者，坦然、不惑。

自我追求可抵万千

——新疆喀什泽普县第三小学李娟的故事

"我想要进步，想要更加完美。"

这是新疆喀什地区泽普县第三小学"80后"副校长李娟经常的内心活动。2012年9月，大学毕业的她成为泽普县第五中学一名年轻的化学老师。初入职时，长相甜美的她说话轻声细语，让人怀疑她能否胜任老师的职业。可如今，作为在泽普县第三小学校领导的她，声音响亮，做事干练，早已摆脱初为人师的腼腆，成长为教学和学校管理的多面手。

回头看，她很感恩，感谢她遇见的那些"贵人"，也感谢她自己的马不停蹄，更感谢这个时代赐予的机遇，让她在原地徘徊的时候，能趁着赴沪培训的东风，触摸更前沿的教育，看见更高远的未来。

遇见名校长：榜样的力量光芒万丈

泽普县第五中学是上海市杨浦区与受援地共建共管的中学，它是泽普县在教育上对外学习交流的一个最大的窗口。让李娟感到特别幸运的是，她去这所学校做老师时，来自上海市杨浦区的胡卫江校长正在学校主持工作。她一直将胡校长当作自己职业生涯开始时遇到的一位"贵人"，即使胡校长并不知晓。

让李娟特别喜欢的是，胡校长认真果敢的做事风格和一切为学生、为学校的教育情怀。他在泽普五中主持工作的那几年，每天都很早来学校，很晚才离校，完全投入学校工作中，不辞辛苦。他会深入了解并分析学校的发展现状，制定学校发展的蓝图，解决学校存在的问题和隐患，完全盘活了学校的内外资源，打开振奋人心的新局面。这些都是青年教师很想拥有的激励人心的发展平台。学校欣欣向荣，老师们尤其是年轻老师的内心也一片欣欣向荣。胡校长还很注重营造公平公正的办公环境，制定公正的教学奖励机制，特别注重培养青年教师的成长成才。这都为李娟创造了职业生涯的美好开端，她觉得自己是一个幸运儿。

每一位青年教师刚站上讲台时，怀抱的都是一颗最纯粹、富有激情的心，李娟自然也是其中一位。每一次聆听胡校长讲话，每一次被分配工作任务，李娟都是心悦诚服的。她看待教学、看待学校、看待学生的眼光也变了。

榜样的力量是无穷的，李娟尽心尽责做好学校安排的每一件事，中午不去休息也要去学校多巡逻一圈。那时候的李娟充满热情，充满干劲，也充满希望。她希望自己时时向榜样看齐，大公无私地去工作。很快，她就成为学校重点培养的青年教师，担任了学校少先队辅导员。

教育往往是春风化雨细无声的。李娟认为，一位优秀的教育者不是影响了一个人，而是影响了一批人；胡校长不仅仅影响了学校普通的年轻老师，也影响了学校的领导层。他在学校的三年，举办了一系列教师素养提升方面的活动，促进年轻老师成长，肯定并指导年轻老师的工作表现。

一位教育者投身教育的样子最能打动后来者，激发无穷的榜样力量。胡校长在泽普五中支持工作时的作风言谈和精益求精的精神让李娟看到一个真正的教育工作者的初心。当一个人想在事业上找到强大动力时，能遇见激励自己的榜样，她就真的可以变得强大。

让李娟遗憾的是，胡校长走的时候，她心里非常难过，想和他告个别，说声谢谢，但最终没有去送他。胡校长并不知道他曾在一位青年教师的心灵上留下深深的烙印。影响人于无形是教书育人的常态，李娟也想成为这样可以影响别人的人。

取经上海，重点打造师资队伍建设

正当李娟还在张望着胡校长远行的背影时，她幸运地获得了一次来上海参加培训的机会。

世间一切，都是遇见。

李娟喜欢这句话，她认识了无数帮助过她的人，她也改变了无数学生的人生，人生的奇妙很多都在于人与人的相遇。而 2020 年冬天在上海的遇见，就让她惊喜。三个月的培训生涯中，她遇见了各个领域的专家、名校长，遇见了对教育执着追求的喀什同行者。

上海之行让她看到了教育发展的最前沿。登高望远，她深度剖析每一位校长、每一位管理者的理性思考和治校方略、管理理念；为知而行，她低头明晰自己学校的发展瓶颈和问题，系统思考如何突破、寻找内在关联和策略，找准努力方向。

她明白，自己所在学校整齐漂亮的教学楼建起来了，但作为学校灵魂的教师队伍建设却依然滞后。学校教师队伍建设存在的思路不清晰、教学风格陈旧、缺乏创新思维等诸多问题。在上海，她了解了一所办学仅十年，教师队伍同样年轻化的学校如何通过顶层设计、丰富教育戏剧特色内涵来引领教师专业成长的，可以归纳为：统一愿景，课题引领，梯度培养，深度调研，充分搭台。"教育戏剧"特色下的规划统一了思想和前进步调，用课题落实丰富教育戏剧特色内涵，带动老师成长；"三格六型"的梯度培养从目标设定、考核评价等方面促使老师主动提升个人专业能力；在班子针对性强、指导性明确、持续跟踪反馈的深度调研下，备课组拥有良好成长生态；最后依靠特色内涵建设的成果为教师提供层次更丰富的平台，以此形成良性发展闭环来推动学校发展，落实学校规划，带动教师成长。

她总结了自己学校产生瓶颈的主要原因：学校规划停留在文件上，师生愿景停留在想要更好，教职工不清晰自己要主动走什么路、怎么走这条路，学校顶层设计没有围绕培养好学教师的目标去实践，科研工作不理想，教师主动学习意识淡薄、育德观念不深入……这一切使得学校发展没有了源头活水。

她觉得回到喀什后要学以致用，才算不虚此行。回到喀什后，她注重用好国培网络研修、上海跟岗学校——上戏附校的优势资源、CCtalk 平台，通过校际合作、线上研讨、分享交流、任务打卡等形式有针对性地开展中层管理、计划撰写、班级文化建设、信息化素养、思维导图运用、心理健康、劳动教育、党务工作等专题理论培训，学习先进思想和理念，借鉴好的做法。

积极为学校老师发展提供舞台。把每周一次的例会变为教师展示舞台，进行学习分享、思维碰撞，培养教师主动学习意识。以劳动教育为抓手，用课题来突破，在实践中提升教师的育德能力和科研能力。

针对学校愿景不明晰、育德不深入、教师科研意识不足的问题，她确立劳动教育为学校规划实施重点项目，以"劳动实现育人价值的方式探索"课题的实施为引领，分科目、分年级进行四个子课题的研究，在实践中提升教师的案例和论文撰写、行为模式研究、归纳梳理总结、班级管理等能力，促进育德意识生成，推动科研能力大幅度提升。而针对薄弱年级组、薄弱备课组的问题，进行全面深入调研，剖析问题，给出指导措施，进行集中反馈，提出希望和意见，监督并落实工作的改进，为教师成长奠定环境基础。打造学校五年教师成长发展规划，深入进行"抹地板"式的理论学习，让教师抬头看见差距、找到前进方向，进而指导实践。

遇见严师：从叩击灵魂的三连问开始

教师的专业成长对一名教师的重要性不言而喻。

在专业成长方面，对李娟影响比较大的是她的带教老师张海霞。张老师对待教学工作兢兢业业、勤勤恳恳，是一位非常严厉的带教老师，她对李娟的要求非常高。

让李娟记忆深刻的是一件小事。有一次，李娟改完作业，张老师问她改完了没有。李娟说基本改完了。没想到，张老师连问了她三个问题：学生掌握得怎么样？哪几道题错的学生比较多？班上完成作业比较好的是哪几个学生？

听完，李娟愣住了，因为这些问题她一个都不答不上来。那一次，她知道，同样是做一件事，每个人的效果和心得是完全不一样的。在这样的老师带教下，李娟做事更走心，效率也比别人高了很多，做任何事都学会了"三连问"，教学效果也自然也与众不同。

做李娟的带教老师时，张老师已怀有身孕。可每次李娟上课，她都会走进教室坐下来静静地听，听完课会对这节课进行严谨而细致的点评。在办公室里，张老师会仔细地将李娟课堂上每一个没做到位的地方挑出来，一一讲给李娟听。虽然气氛严肃，但张老师能将她自己没看见的问题点透，并给以好的建议，这点让李娟心悦诚服。她总觉得，在走上讲台之初，能遇到这样一位负责任的、有高见的良师指导，将她的教学一步步推到更高的地方，是很幸运的。

李娟很认真，张老师指出一点她就改变一点，每一次课后她都会花很多时间和心思去琢磨教学细节。张老师能够包容一个初出茅庐的青年教师在教学上暂时存在一些问题，但李娟却不允许自己继续在课堂上"重蹈覆辙"。

正是在"严师出高徒"的高强度训练中，李娟用一个学期就将两本教材"吃透"了，并逐步掌握上好一堂课的教学秘籍。

"我觉得自己是个幸运儿：在这五年中，愿意指点、帮助我的人不少。"在多位教育前辈的带领下，李娟进步飞速。她知道，教育是一个传帮带的过程，她希望自己以后也能像帮助她的人一样，认真无私地去帮助、影响更多的人。

让阳光照进孩子的心底

"李老师，这个孩子我管不了了，太吓人了。刚才他在教室里吃粉笔头，说不活了，要去找妈妈……"一向耐心的唐老师气冲冲地扯着个孩子的胳膊来到李娟的身边。李娟一头雾水，但看见唐老师的一双眼睛急得有些泛红。

那是她和阿布都许库尔·阿卜力孜的第一次正式见面。当时他已经上五年级了，皮肤白皙，头发很黄，标准的长方形脸，五官长得很好看。尽管当时他耷拉着头，穿着脏兮兮的校服，还说着和年龄不太相符的那番话，但李娟下定决心：让他的生活从此有阳光照进来。她要学校老师一起帮助他。

从此以后，李娟和他见面的次数越来越多，经常关心他。这孩子家里比较拮据，年幼时母亲就离开家再也没有回来，爸爸没有稳定的经济收入，在外面打零工，酗酒，每天很晚才到家，孩子长期无人关心，甚至连饭都吃不饱。

从包子、油条、鸡蛋饼到大盘鸡、馕、抓饭、炒菜……李娟和老师们隔三差五地给他改善伙食。孩子的卫生习惯差，李娟和老师们就会带他洗澡，给他换上洗得干干净净的校服，教他整理床铺和书包。孩子没有自信，自律性差，班主任和数学老师专门给他设定了一些容易达成的阶段性目标，让他在学习上能感受到努力带来的收获感。学校还给他提供了校园管理小岗位，让他协助李娟管理食堂。

后来，李娟在校园里处处能看见他：校门口检查个人卫生，课间管理上下楼梯，放学管理路队。那个衣服脏脏的小男孩变得越来越爱干净，脸上也拥有了自信和阳光的笑容。来老师办公室的时候他会礼貌地敲门，大方地跟李娟"汇报"着自己管辖范围的情况，还能敞开心扉地聊聊对自己生活现状的认识。尽管这个孩子隔三差五还是会调皮，犯些错误，校服偶尔还是脏兮兮的，但老师们都为他身上的那些小成长暗自高兴，替他谋划着未来能走的路。

李娟欣慰地看到他变得温和了，理性了。她想这才是教育的真正力量。

"我们希望在生活上能给予他帮助，更重要的是，我们想让他懂得自尊、自爱、自律，感受到来自周围的善意和温暖。"李娟帮助过很多这样暂时掉队的孩子，帮助他们走出阴霾，活出新的自我。所以，毕业后的学生会想念她，感谢她，会给她打电话，去看望她。

不一样的化学课堂：一切为了学生

李娟的学生很喜欢她，因为她年轻、有趣、有活力。她会在一个班上完课时，忽然被下一堂课的学生"抱走"——学生簇拥过来将她提前迎接到自己的班级去。她享受着学生给予的如此"殊荣"，也

感受到做老师的真正幸福。

"你能不能别把我们班的化学抓那么严？学生都不愿意写我布置的作业，就知道写你的化学作业。学生一整个晚自习都在背化学公式，写化学作业。"面对其他学科老师的抱怨，李娟听后很委屈，因为她根本就没有给学生布置很多课下作业，这些都是学生主动花时间学的。"学生喜欢你真的很重要，他们会主动学好你所教的那门课。"李娟受学生喜欢不是因为严格，而是因为她用学生能够理解的方式上课，让学生听懂，点燃他们学习化学的兴趣。

李娟的化学课堂与众不同。化学是一门需要做很多实验的课程，她会允许学生在安全的范围里试错。宽口瓶和细口瓶，哪个放液体，哪个放固体？她不多说，让学生自己去尝试。学生很快就会发现用细口瓶放液体更合适，否则取用不方便。

更大胆的是，李娟的课堂是允许学生离开座位、换座位甚至跑到讲台上来的，这样自由的课堂形式一度在学校被传为美谈。她认为，怎么让学生听得明白，听得有兴趣，是她教学的关键。李娟会在备课的时候不停地想办法。她发现，在讲台上做实验时，后排的学生会看不清，这很影响学生们的学习质量。

"我可以给你们自由，但我要确定你们的心在我的课上，你们能学到知识。"她这样告诉学生。因为尊重学生，学生也尊重她和她的课堂。她的课堂从没有因为换座位而丧失纪律，反而收获了更好的教学效果。

下午上课，学生容易犯困，怎么办？李娟会在上课前几分钟带学生做几分钟动动手指的小游戏，或者给学生放一个搞笑类的短视频，提高学生的注意力。她还会在每一节课都把自己的教学目标和学生必须掌握的知识点写在黑板上，让学生很清楚地看到。

李娟上课精益求精。有时，只是一个板书她就会花费一个小时去打磨。她会在课间提前去实验室精心写板书，准备实验器材，并预设课堂上会发生的每一个情境。在专门的笔记本上，她会记下每节课的重难点、教学反思，争取下一次上得更好。

"越符合学生认知特点和学习规律的知识，学生就会学得越不费力，越喜欢。"授课老师的热情和兴趣很能影响学生对这门课程的学习态度。与其说学生喜欢她的亲切有活力，不如说学生更喜欢她对他们的用心、耐心和细心。

遇见自我：成长无止境

李娟力争让在自己做的每一件事都完美，即使是她兼顾着做的一些不起眼的"小事"。

泽普五中，有这样一群毕业生很感激李娟，他们是曾在学校广播室和电视台"工作"的学生。他们在李娟的带领下成长为才华横溢的主持人和演讲达人，还代表学校参加比赛并多次摘得殊荣，后来有不少人走上了播音主持的发展方向。给学生多打开一扇门，他们就有走入另一个精彩世界的可能。李娟在做学生工作时，除了在校园内给学生搭建展示才艺的舞台，她还会主动花时间和精力去组织各种各样的社会活动，给学生搭建更大的舞台。她知道，学生在中学时代的兴趣爱好往往能成为他们以后发展的人生方向，会受益终身。在她的带领下，很多学生口齿更加伶俐，性格也更加活泼开朗，综合素质也随之提高。

那么，为什么会让并非播音主持专业出身的李娟负责这一块工作？这要从李娟自身的经历说起。

李娟自己就是一位自学成才的主持达人。李娟参加工作不久，胡校长在学校挑选了几位青年教师去重点培养，其中，她被选作全

校升旗仪式的主持人。当时，她还从来没有主持过重大活动，内心非常慌乱。

她没有告诉任何人，被选中后她每天都偷偷地在家大声练习，玩命地喊，不断地练发音、节奏和气势。她记得，第一次主持时她很紧张，效果并不出色，但也没有出错，几乎没有人注意到她内心的紧张。她最想把自己的声音喊出来，让全校都听见。

于是，另一项才艺便从这里起航。从每周一主持全校的升旗仪式，延伸到学校的、教育系统的演讲比赛和各项主持活动她都会参加，李娟逐渐成为当地教育系统很受欢迎的主持人。在各种比赛中，她见到高手，学到很多经验。

在国旗下的第一次主持激发了李娟体内的"洪荒之力"，她感觉自己蜕变了，现在主持活动时已经行云流水，台风大方得体，往往让人误以为她是学播音主持出身的。

其实，这背后有人在默默推着她前行。李娟每周主持完，学校的办公室主任都会对她直言不讳。比如，他会说，李娟要在某处停顿下效果会更好。等到下次，李娟就会更加注意。大家能看到，她每次都有进步。

遇见"贵人"只是李娟成长的原因之一，另一重要原因来自李娟本人对自我的高要求。她从小就激励自己成为一个优秀、完美的人，这份内驱力恰好在良好外因的激发下推动她走向更高处。比如做一份PPT，在无人要求的情况下，李娟会精益求精，一直做到让自己满意为止。她说："这种近乎强迫症的追求完美，是我身上存在的一个毛病，它让我累，更让我进步。"

凡事一分耕耘，一分收获，如果再浇灌以智慧和情怀，定会绽放不凡的花朵。不管是在五中的五年，还是三小的三年，李娟的教学水平都有目共睹，学校对她也很放心。

　　对于从未做过的事，她固然压力山大，但还是会迎难而上。这是李娟的性格使然。"我遇到事情，一般会尽力把事情做出来，然后在做的过程中摸索出更科学的方法来。"如今的她，因为忙于各种事务，常常中饭都是随便吃点零食解决，边吃东西边干活。

　　"做教育，真的是一个无穷无尽的追求过程。"

　　她说，上海是她梦开始的地方，上海为喀什当地的教育打开了一扇窗，播下了一颗希望的火种。

　　她相信，泽普教育在上海的助力下一定会走上新的台阶，助力乡村振兴。而像她们这样的守土者，必须躬行实践，让火苗熊熊燃烧。

教育，一个静待花开的缓慢过程

——新疆喀什二中张静的故事

她，生于喀什，长于喀什，毕业于喀什师范学院汉语言文学专业；如今，她在喀什第二中学从事语文教学和管理工作，躬耕教育十六载，始终站在教书育人第一线，用青春和热情浇灌着喀什的教育事业，积极摸索科学而智慧的育人方式；同时，她不忘育人初心，一路成长进步，从一位青涩稚嫩的新老师成长为学校独当一面的副校长，不断思考学校教育的顶层设计问题。

在这十六年的职业生涯中，她逐渐领悟到，做教育，是一个缓慢而值得期待的过程。她就是本文的主人公——张静。

2020 年 9 月，张静从忙碌的学校工作中抽身出来，抓住一次来上海培训的宝贵机会。她坦陈，这是她第一次参加这么长时间的外出学习。在三个月的培训过程中，她聆听了很多场专家讲座，去跟岗学校参观学习，所见之广、所听之多、所悟之深，都是前所未有的，这些都给她的心灵带来了很强烈的震撼。

上海培训：懂得教育是缓慢的生长

漫步上海的大街小巷，张静畅享着上海这座城市的市井风物与人情暖意。那些浸润于城市肌理的公共文化活动与设施，承担着满足服务需求和现代审美的功能，服务驿站、口袋公园、绿色步道，不同空间中角角落落、点点滴滴的公共文化设施都充分叠加进文化艺术元素，让人们能触摸文化、感知艺术。公共客厅似的街区让张静感受到这座城市的温度，艺术成为城市文化软实力，尽显教育"润物无声"的力量。她喜欢上海，但她更牵挂着喀什的教育，牵挂着自己的学生。

她一直知道喀什教育与上海教育之间的差距，在上海培训期间的亲身见闻，更让她非常直观地看见两地的巨大差距。走进上海的中小学，张静常常被丰富的课程所吸引。学校推出多样化校本课程，顺应了教育的差异化要求。这些为学生精心设置的贴心课程，以菜单的形式呈现给学生，每一位学生在家长、教师的指导下都可以自主选择课程内容，并借助"选课走班"满足自己的学习需求。这种独具创意的"课程超市"，改变了以往"柜台式"的单一选择模式，让孩子们拥有了更大的学习自主权、选择权，使其个性差异得到了充分的尊重。

"上海的小学生都在感受先进科技的魅力，我很想让我的学生也能领略到，打开他们的视野和眼界。"张静很想让学生也能看见自己在上海的所见，享受到同样的教学条件。但是面对两地教学条件巨大的差异，她并不焦虑。她深知，教育是缓慢变化的，孩子们的成长也是一个静待花开的过程，学校的改变也是日积月累的。她有的是定力和远见。

上海培训结束后，她依然和上海的学校保持着联系，将上海教育中一些容易转化的内容带到喀什去。她在思考，喀什的学校可以尝试有针对性地对国家课程和地方课程进行整合开发，并通过实施"差异走班"这一方式，使国家课程和地方课程得到创造性的实施。如针对生源复杂、学生学业成绩两极分化严重的难题，学校可以尝试部分年级进行"差异走班"教学实验。目的就是培优补弱，减少两极分化。要求教师研讨两种班级不同的教学方法，既注重关照学生之间在接受程度上的差异，又引导学生在自己原有水平的基础上向前发展，提高学习的针对性和课堂教学效率。

此外，张静在学校的劳动教育和生涯教育上也有很多思考。从上海回来后，张静就给学生们布置了一个作业：去采访你喜欢的行业的某一个人。一般来说，学生喜欢的行业会是他以后择业偏向的行业，在选择职业之前先了解某个行业对学生的发展很有益，能够激发他们追求梦想的动力。

上海推崇的劳动教育是适合当地学情的，但张静觉得喀什的学校开展劳动教育肯定要走另一条路。喀什的学生从小真的会务农，有的孩子的种地水平比学校老师都高，带他们去分辨五谷和种地是没有多大必要的，但是可以让他们了解无土栽培、水培等种植技术。张静希望学生们能够早日拓宽视野，领略科技的魅力。

的确，劳动教育要因地制宜。对于喀什的中学生来说，他们天生亲近自然，熟悉劳动，教他们简单的劳作是没有多大必要的。张静想在学校给孩子们开展另一种形式的劳动教育。

她还有别的想法。立足喀什的教育，张静认为应该有顶层设计，统筹社会教育资源办教育，例如联系博物馆、纪念馆、图书馆、公园、青少年活动中心作为教育基地，还可以联系一批企业作为可向学生开放的探寻、实践体验的基地，建设一批基础教育实践基地。这样可以引导学生走出教室，走向社会，进行调查研究，从而丰富育人的途径，开设更多的研究性学习、校内外实践、研学旅行、志愿服务等课程，在实践教学中培养学生。

推进教学改革，培养学生核心素养

在具体教学上，张静是一位不拘一格、善于求新求变的老师。她追求以自主、合作、探究为主的教学模式，激发学生的好奇心、探究欲，培养学生主动思考、质疑、求索以及善于捕捉新信息的能力，并把这种能力的培养定为课堂教学的终极目的。为此，她仔细研究教育心理，准确把握学生的心理特征和思维特点，积极探索有利于激发兴趣、激活思维、激励探讨的课堂教学方法。例如，在处理每单元的重点篇目时，她会采用"整体感知—合作探究—反思质疑—拓展延伸"的教学模式，根据不同内容精心设计问题，组织课堂教学。

可以说，张静的课堂是亲切、和谐、活跃的。在她的课堂上，没有阴暗冰冷的"死角"，充满着流动的阳光，平等、和谐与交流共存，发现、挑战与沉思同在。学生不再是僵化呆板、默默无声的听众，他们可以自在地提出问题，可以挑战张静甚至语文课本上的权威。课堂上，师生互动、生生互动明显，每一位学生都会得到鼓励，都能得到较为充分的锻炼和表现机会，学生成为课堂上真正的主人。师生的情感与个性融在其中，现实的生活进入课堂，学生在互动中求知，在活动中探索，既轻松地掌握了知识，又潜移默化地培养了能力。学生的整体素质有了质的提高，语文课堂真正焕发出它应有的活力。

当今的世界变化迅速，教育将如何培养学生应对未来不确定性的底气？张静从不想墨守成规地去教学生知识，她希望给自己的学生们带去可以应对世界挑战的核心素养。她认为，有些东西是自然成长的结果，教育如果没有把理念、教育的实践以及教育所提供的资源附着在孩子身上，使他们的灵魂、能力、素质发生改变，就不可能称为"制造新的价值"。作为一名基础教育工作者，张静也一直在思考，面对未来社会的诸多挑战，教育者该如何做？

在上海举行的一场以"遇见未来，为未来而教育"为主题的研讨会上，张静听到不少专家表示：面对未来的不确定性，学校和教育者应该尊重教育的本质，遵循教育的规律；未来学校无论在空间环境和技术使用方面发生怎样的变化，不变的是遵循教育的本质。始终让学生葆有充盈的内心和高贵的精神，让每一个学生有不一样的精彩，应该成为教师共同的价值观，成为无需提醒的教育自觉。她深以为然，也为自己的想法找到一个清晰的解答。

见到垃圾，自己弯下腰先捡；看见学生、教师，自己先微笑点头问好。她对自己提出了"凡事为先"的工作要求，只有自己身体力行，严以律己，才能在师生中树立良好的形象，才能更好地服务于师生。每天清晨，她都会在校园的教学区域走一遍，了解学生动态，巡视班级情况，发现问题，及时解决。同时，她也鼓励更多的教师和她一起参与到学生的思想工作中来，通过大家的共同努力，把学校的工作做细、做实、做好。

教育了一个学生，就帮助了一个家庭

喀什二中建校于 1956 年 9 月，是新疆解放后党和政府在南疆创办的第一所普通话授课的完全中学，也是喀什最好的中学。从 2011 年起，学校开始创办内初班，在普及普通话教学和教育扶贫工作中担当大任。喀什二中有 30 个内初班，每个年级有 10 个班。而张静，作为好几届内初班的语文老师兼班主任，将自己所有的爱心、耐心和智慧都奉献给了内初班的孩子们。

"在喀什，你教育了一个学生，就挽救了一个家庭。"张静形容喀什地区教育的特殊性，其中之一即是"用小手引导大手，让孩子去影响父母"。那么，谁影响孩子呢？自然是学校教育，是学校老师，是无数的"张静"们。喀什二中内初班的孩子小学毕业后，就离开家庭来到寄宿制学校，开启一段全新的学习生活，这里的学习生活将给他们带来凤凰涅槃般的蜕变。

自然，困难也接踵而至。相当一些学生的普通话水平之低令人难以想象。当少数初一学生在新生军训时连最简单的"向左转、向右转"都听不懂的时候，张静是着急的。她深知，他们的发音和书写都存在很多问题，不少学生需要学习小学拼音。为了提高学生的语文水平，她积极开动脑筋，创新了很多方法带领孩子们去学习基础知识，去感受语文之美，去领略中华优秀传统文化的无穷魅力。

"在这里做教育，有时候，即使是一件普通的事，要做成也需要很大的魄力和长久的等待。"她特意编辑了一套语言测试题库，学生一入校，她就给他们进行一次语言测试，初一结束的时候，再进行一次测试。每个学生都有跟踪学习进度的小卡片，每次测试后都能明显看出学生的进步，方便老师掌握学生每个阶段的学习情况，也鼓励学生们继续前进。

她充分利用"早读"，鼓励学生大胆地表达自己、互相交流，鼓励他们不要怕出错、怕丢脸，也坚决不允许学生互相取笑。在课堂上，她也经常提问，把最简单的问题交给普通话水平最低的学生，如果他答对了，张静就会狠狠地表扬他。每当学生取得一点点进步，她就给予十分的肯定，这给了他们很多战胜困难的勇气和信心。

提高了孩子们的语言水平后，紧接着就是提高他们的学习技能。不同的知识板块，她采取不同的训练方法：夯实基础——硬笔书法每日一页，字词听写"循环放映"；扩大积累——课外阅读每日一段，读书笔记天天都写；训练能力——阅读理解，从总体方法到解题技巧，系统指导，反复锤炼；作文训练——循序渐进，小作文依课文内容随堂布置，借"题"发挥，大作文紧扣课标和中考方向，力求既有章法又有创新，鼓励学生放飞思想，大胆发挥……她还会组织学生进行演讲比赛和朗诵比赛，甚至是排练小品和短剧，真正做到寓教于乐。

作为班主任，她还会开展以"谈谈家乡变化"为主题的班会活动，引导学生努力学习、感恩祖国，开展"维护民族团结、共建美好家园"演讲比赛活动，组织风筝比赛活动，配合心理教研室开展"感谢有你 伴我成长"大型体验活动，开展与喀什特殊教育学校民族团结联谊等活动。

"民族团结工作是喀什教育的一条重要的生命线。传统节日一定带着他们好好过，在点点滴滴中培养他们热爱生活、热爱祖国的情感，培养他们对中华民族的认同感。"张静郑重地表示。

每逢中国传统节日，张静都会带着学生在校园里开展庆祝活动，吟诵古诗词，聆听经典故事。孩子们也很高兴，他们会穿着古装，衣袂飘飘，一唱一叹间别有古韵。在中秋佳节，孩子们吃着月饼，赏着月亮，校园里一派其乐融融的节日气氛。每到春节，张静都会留在学校和学生们一起包饺子，看文艺演出。元宵节，她会带孩子们包汤圆，吃元宵，做彩灯，感受元宵节的风俗文化。润物细无声，她把中华优秀传统文化的种子种在了孩子们的心间。

起步是艰难的，但最后学生们的蜕变是巨大的。他们除了语言表达上的进步之外，个人生活习惯和性格也发生了很大的变化。张静特别记得，那位开始连"向左转，向右转"都听不懂的男孩，长成了阳光懂礼貌、热情善表达的大小伙，考上了喀什二中最好的高中班。许多孩子用耀眼的进步回馈了张静长年累月的付出和别出心裁的智慧。

了解学生，给学生最柔软的呵护

"你不要哭，不要想家，不要想爸妈。"每当初一学生刚来学校想家哭泣时，有些学校老师会这样安慰学生。张静了解老师关心学生的初衷，也深知这样的安慰无效。她理解学生第一次离家后想家的心情，她会蹲下去给孩子擦干眼泪，说："我知道你很想家，想爸妈，我第一次离家也很想家。"她认为，做教育肯定要尊重人，了解孩子的成长特点。老师尊重学生首先要把孩子看成一个情感丰富的人，理解他、尊重他的情感。张静会等待孩子慢慢适应，在等待的过程中，想一些小点子来安抚、疏导他们的情绪：每天关心他们的生活，鼓励他们去交朋友，安排一些班级事务让他们做，分散他们注意力的同时锻炼他们的才干。时间久了，学生自然会缓解想家的情绪，投入学校生活中来。

在教育教学中，张静始终坚信"爱"是教育的生命。她在喀什二中热爱教学、热爱学生、踏实勤奋地工作着。内初班学生的特殊性决定了老师们工作的性质。她将这些可爱、纯真的内初学生当成自己的亲生孩子一样对待：节日的时候陪着学生一起度过，让孩子们感受家一样的温暖；值班遇到学生生病时，她拿出自己随身带的感冒药，倒上一杯热腾腾的开水守在学生身边；碰到学生病情严重，她会连夜赶到学校送学生去医院看病，通常都会通宵在医院陪伴着生病的学生。

每逢新生到校时，她都会和老师们主动到学生宿舍，分发被褥、枕头、毛巾被等，帮学生套被子、铺床单。确保学生到校时宿舍干干净净，让孩子们感觉到家的温暖，也解除家长们的后顾之忧。

在内初班工作的老师是非常辛苦的，他们要照管学生在学校的一切事宜，从早忙到晚，而且常年没有节假日。内初班的工作可以说是"全天候、全过程、全方位"。周日，张静通常要带着孩子们在校园里开展活动，带他们洗澡，带他们出游……所有的节日，张静都是陪着孩子们度过的。记不清多少次为了学生忙到深夜，也记不清放弃了多少个节假日陪伴学生左右。为了能全身心照顾这些远离父母的学生，张静只能将自己的孩子寄托在家中老人处，却将这些学生们视为己出。她愧对自己的孩子，但她给了更多的孩子一个温暖有爱的家。

一切付出只为使这些孩子能够感受到喀什二中内初班就是他们第二个温暖的家，这里的老师就是他们的家人。她一直坚定一份信念："只要孩子们在喀什二中的每一天能健康成长、能学有所获，再苦再累都值得。"也正是这样一份责任，一直激励着她辛勤付出。

求新求变，不忘育人初心

"张静来了！"有一次，一个学生一看见张静来了，就冲进教室大喊一声。张静走进班级，对着学生大声说："又不是鬼来了，叫什么叫！"说完全班哄堂大笑，张静也忍不住笑了。这只是张静和学生相处的一个小插曲，却足以看到学生对张静又怕又爱的态度。对学生，张静是热爱的，因为热爱，即使严厉，学生也能感受到老师的爱。张静认为凡事都要有尺度，有些事情要和学生较真，有些事情则一笑而过。她喜欢和孩子建立起一种紧密的共同体的感觉，让学生有集体荣誉感，维护优良班风建设，荣辱与共。

她还记得初为教师时，意气风发，特别有工作热情，也对学生很严厉。身为班主任，她需要掌控课堂，坚决不允许学生上课说话、睡觉、做小动作。当时，她最烦恼的是，给学生反复强调某个知识点，学生还总是犯错。她着急焦虑，甚至大发脾气。如今，反观当时的教育之路，她认为最欠缺的就是处理学生问题时的教育智慧，留下了很多遗憾。她认为年轻人初为人师时容易陷入两个极端：一种就是非常严厉、严苛；一种是跟学生打成一片，失去师生的边界。

她摸索着做一位对学生既热爱又有分寸的老师，她想要的师生关系是亦师亦友。

"当我迈出大学校门，走进校园，俨然已经忘记了来时的路，忘记了成长的故事，端着师者的架子开始自己的职业生涯。等我当了母亲后，才真正明白爱是什么，孩子是什么。母亲的角色让脾气有点火爆的我变得温润了一些。我似乎能宽容学生的一些错误，似乎明白了管理的过程中哪些是原则性问题，哪些可以一笑而过。"母亲的身份促使张静发现，教书育人是一个缓慢变化的过程，需要安静等待。

她记得去年在上海培训学习时，一位老师说过一句话：教师要永远葆有一份悲天悯人的情怀。她感动了，在近年来的教学生涯中，她也发现做老师特别需要有一颗同理心，去理解学生的喜怒哀乐，去真正尊重学生。

"学生在学校的时间是有限的，所学的知识也受时代的局限，他们要在未来有所作为，要在未来跟上时代，就一定要不断地学习、终身学习，去吸收新东西，更新知识结构。可见，方法的确比知识更为重要，教授方法才是教学的根本。"张静认为，死教书、教死书已经不能适应社会对教育的需要。"授之以鱼，仅供一饭之需；授之以渔，则终身受用无穷。"在语文教学过程中，她用扎实多样的训练多方面提高学生的语文素养，努力培养学生的语文实践能力，使学生获得终身学习的本领。教育的意旨并非知识的累积，而是心智上、能力上的发展。她坚持教学有法、教无定法，从基础入手到提高能力直至学以致用，生动、活泼、扎实、系统、有序、有恒的训练，使学生在不同内容和方法的相互交叉、渗透和整合中开阔视野，提高学习效率，初步获得一些现代社会所需要的语文实践能力。

天道酬勤。你真心诚意地付出每一分努力，自然会收获属于自己的那一份成果。近年来，张静在教学、教研上勇攀高峰，收获颇丰，获得无数嘉奖。2017年，她获得校级"教学能手""优秀教育工作者""优秀共产党员"等称号，获喀什地区"教学能手"称号，《插图在初中语文阅读教学中的运用研究》一文获国家论文评比一等奖。2018年，她获得自治区"教学能手"称号。2019年，她获批成立自治区初中语文教学能手培养工作室。2020年，她被评为喀什地区语文学科带头人。

如今的张静已经成长太多，成为教学能手，也成为喀什二中的副校长，分管学校很多行政上的工作，但是她还是一名语文教师，依然走在教学第一线，走在学生中间。她也考虑过完全放弃教学工作，但是她舍不得离开学生。不管工作多累，只要走进教室，走到学生身边，看见一张张稚气未脱的脸庞，她的心境自然就改变了，仿佛有清风吹过山间。她喜欢和学生互动，聆听他们的想法，喜欢他们亲切地一声声呼唤她"老师"。现在的她，将每一次上课都看作一个美好的节日，与学生之间的情感交流是她繁忙工作的轻松调节器。

从2005年工作至今，张静从班主任做到年级部主任，到学校中层管理干部，再到校领导，一路上她敢于硬碰硬，尽显女将风范。她也很感谢一路遇到的领导和同事对她的热心帮助。她有着自己的教育初心——培养孩子成为有理想、有追求的人。对于自己取得的成绩，她觉得主要是坚守初心："做工作时别先预设自己会得到什么，觉得事情应该去做就倾力去做，做成功了我就会很开心。"

"只要自己愿意去学，去追求，自己的职业生涯就一定在进步，我也一定是在成长的。"同时，张静也从自身的成长进步中明显看到，人与人的差距主要在于自己愿不愿意成长进步，努力的人会在日积月累中逐渐领先别人，直到脱颖而出。

现在的她也有新的烦恼。张静坦言，相比于自己的教师梦，她并没有"校长梦"。现在的她已经有点疲惫，忙于处理学校的各种事务，没有足够的时间去专门提升自己。但张静也不是很焦急，她相信，自己的成长也是需要时机的，也是一个缓慢进步的过程。目前，她所要做的就是坚持。

张静对教师的角色也有了新的思考。随着教育观念的不断更新，对基础教育来说，树立大教育观和教育资源观，不断探索和实践学校、家庭、社会三位一体的教育，使三方面的教育互为补充，形成合力，显得尤为重要。在这种情况下，教师的角色也要相应地变革。教师的教育工作不能仅仅局限于学校、课堂。教师不仅仅是学校的一员，而且是整个社会的一员，是整个社会教育、科学、文化事业建设的共建者。她明白，做教师是一件需要不断学习、与时俱进、及时转换自己角色的事情；她更明白，前路漫漫，宁静方可致远。

"一切都是为了学生，一切都是为了学生的未来。"张静，始终走在探索教育发展的路上。

"破灭的梦想"成就了更好的自己

——西藏日喀则江孜高级中学仓木决的故事

成为教师，对仓木决来说是个阴差阳错的结果。但成为一名教师之后，"幸福"又成了她最常挂在嘴边的词。

"这份职业给了我前所未有的满足感、成就感、幸福感。"仓木决的声音柔软又坚决。她早已习惯了与学生们的日日相处，习惯了为提高成绩的苦苦钻研，习惯了要把教学水平提高再提高的时时思索。正像她早已习惯了高原稀薄的空气，习惯了高海拔带来的灼灼日照，习惯了这座被高山大川包裹着的城市——日喀则。这一切如宿命般水到渠成。

1980年出生的仓木决是西藏自治区日喀则江孜高级中学的一名资深数学教师。对仓木决而言，成为一名教师，是一种冥冥中的指引，她就在这样的指引下不断接受命运对她的安排。

2019年10月，仓木决幸运地抓住"日喀则骨干教师赴上海培训学习"的机会，彼时，她正处于个人教学能力提升的迷惘阶段，也许又是一次命中注定，她如愿开启了一场自我教学方式变革的全新之旅。

在上海取得"真经"

随着教学经验的积累，仓木决的目光焦点渐渐从教学转向如何通过教学来育人。事实上，两者本来就不对立，但日喀则当地师生早已习惯了灌输式、填鸭式的教学，来自学生方面的反馈几乎只有成绩。那么教书的目的究竟是什么？接受教育的意义到底在哪里？仓木决想起了曾经的疑惑，她认为，这次赴上海的培训正是作答的好时机。

距离日喀则千里之外的上海，对仓木决来说繁华开放、光芒四射、风采卓然，这个她只在歌曲里听过和电视剧里看过的城市，几乎是她最狂野的梦想。"虽然我的家乡已经发生了翻天覆地的变化，但与上海相比，还是相差太远了。"仓木决说，"这里太繁华了，人多、车多、高楼多，节奏也很快。我其实很向往这种快节奏的生活。"

随之而来的是忐忑：她不知道自己怀揣的这份疑问，在早已经历过多番教育改革的上海老师眼里，会不会太过时；也不知道像自己这样从农村走出来的老师，会不会被另眼看待；更不知道与西藏生活习惯相差较大的上海同行，会不会与她疏远……不过无论如何，仓木决"求取真经"的决心是不会动摇的。

事实证明，仓木决的担心是多余的。"实际接触的时候，老师们个个都很热情，很乐意与我们交流，让我们倍感温暖。而且每个来参加培训的老师都有一个专门的导师，关心我们生活和工作上的一切。"仓木决回忆说。

放下了心中的包袱，仓木决与其他14位老师开始了为期8天的集中培训。在上海市师资培训中心，仓木决聆听专家讲座、参加丰富多彩的团队活动，既丰富了理论知识又拉近了同行之间的距离。"比如说汤赤老师的《学校发展规划的制定》、严洁老师的《领导力和执行力的提升》，这样机会难得又意义非凡的专家讲座，为我的教育理念注入了源头活水，让我享受了文化的大餐。"培训虽结束已久，但仓木决仍然觉得一切历历在目，她珍惜每一次让自己进步的机会。"听完了这些专家的讲座，我更明确了自己今后的发展方向，坚定了通过加强自身学习成长为专家型教师的信念。"完成了集中培训，就到了重头戏部分——进入学校开始跟岗培训。仓木决被分配到上海市晋元高级中学。尽管来之前给自己做足了心理建设，但她走进校园时还是被深深震撼了。第一个震撼是校园环境，在仓木决看来，与日喀则的高中校园相比，上海高中校园各个功能区设置合理，每一个空间都得到了合理的利用，给学生营造的是轻松、愉快的学习环境。第二个震撼是上海的教师团队，不仅素质高，而且协作精神非常强。"我想我一定要抓住机会多看、多学，把更多的经验、做法带回去。"

不过仓木决最大的震撼还是学生的差距。首先必须正视的是学生基础的差距。仓木决经常去看上海的学生在看些什么书、做些什么题，她希望能与西藏当地做个对比，也做个参考。但当她看到上海学生的辅导书之后，大受震撼。作为一个数学老师，仓木决都自嘲说不敢太接近上海的学生，生怕他们的有些问题自己回答不上来，自己仿佛又回到了学生时代战战兢兢答题的样子。

其次，便是学习习惯的差距。"上海的孩子们真是出色到让我无法想象的地步！尤其是他们的自律。"仓木决介绍说。在江孜高中，每个班都要配备两名班主任，一个正班主任，一个副班主任，必须轮流盯着每晚的晚自习，始终要督促着学生学习，"简直就像保姆一样"。但是仓木决发现，上海的学生晚自习完全不用老师，每个人都自主学习。

不仅晚自习用不上老师，甚至连上课都用不上老师。仓木决在旁听一节数学课时，发现只有一部分学生在听课，还有一部分在看自己的书，做自己的题。仓木决课后好奇地问学生为何不听课，学生的回答深深地刻在她脑海中："学生回答我，他们都知道这个知识点，如果有不懂的可以听课、可以问老师，如果没有不懂的，可以自己安排学习进度，不一定非要仔仔细细跟着老师。"仓木决每念及此，都无法不感叹，差距确实是太大了。在日喀则，学生必须听老师的课，必须要跟着老师的思路，老师霸占着整个 45 分钟，学生只能是被动接受。

学生如此表现，老师又是怎么想的？仓木决很疑惑，学生不听课，老师不生气吗？但这节课的老师只是笑笑回答说："我们这儿的学生就是这样的。他们都会也都有自己的安排，我们老师也不会强行要求，学生确实有比较大的自主权。"

这番回答仿佛给仓木决点亮了一盏灯，这样宽松的教学方式背后，又何尝不是育人的方式。学习的自主权，事实上也是人生的自主权；孩子们能安排学习进度，就能安排人生进度；能为学习负责，就能够为自己的人生负责。在这样环境中成长起来的孩子，将与跟着老师亦步亦趋的孩子有多么不同的未来！这是最根本的差距。想到这里，仓木决突然有些想念自己的学生。

"不过我想，这些并非一朝一夕可以养成，这是我们西藏来的老师必须要学习和转变的观念，也是我们回去应该积极着手改变的一件事情。"仓木决坚定地说。

基于核心素养，变革教学方式

在完成跟岗培训回到西藏之后，仓木决还继续完成了师资培训中心安排的远程学习，积极参与学习研讨，与别的老师交流心得和经验。在培训结束时，仓木决提交了自己的论文，这篇凝结了她学习成果和思考的论文被评为三等奖，其中探讨的正是让学生在课堂上"反客为主"的上课方式——教学情境创设。

回到西藏后，仓木决将理论落实到实践，在与学校、日喀则名师工作室的同事以及日喀则教育局沟通之后，仓木决在校内外公开展示了"引领示范课"。一方面是召集日喀则数学学科的老师，交流、学习上海的教学模式和教学理念；另一方面，仓木决想观察学生是否接受这样的教学模式，上海的先进经验在异地的土壤里是否能开花结果。

所谓情境创设，顾名思义就是在课堂上创造各种情境，启发学生的思维，激发学生的热情，引导学生进行自主思考和学习。仓木决在她的数学课堂中创设了问题情境——老师提问，学生思考，调动学习积极性；想象情境——围绕与数学相关的事物展开想象，最终回归数学思维，加深理解；情感情境——结合生活与时事，将数学知识融入情感，提升学习的创造性；结尾情境——为下一堂课留置悬念，激发学习兴趣。

"这堂课上，可以说我只讲了三分之一的时间，其余都留给了学生。在上海，我一直听到四个字，就是'核心素养'。通过观察和学习，我认为核心素养就是学生自己发现问题、解决问题的能力。这节课上，我就是希望能培养学生的核心素养。"仓木决娓娓道来她这节课的灵感来源。这或许才是她培训结束的真正标志，也或许是日喀则的学生迎来教学方式大转变的重要拐点。

不过这样的上课方式对学生来说很陌生，这堂课并非没有热烈讨论的时刻，但学生们还是更期待着老师去讲。在同行间并未得到一致好评，大部分老师对此都感到眼前一亮，尤其是上海来日喀则支援的老师。但仍然有不少当地老师认为，学生有教材，既然学生已经知道所学的内容，而且教书的目的就是让学生正确解答题目，取得好分数，所以直奔主题，以重复的模式训练做题、强化记忆就可以了，再创设课堂情境显得多余。褒贬不一的评价让仓木决意识到，教学观念和方式的改变仍有很长一段路要走。

"环境如此，一下子是改变不了的。不过我想我还是会持之以恒地推广。"仓木决想起在上海的西藏班学生，他们与上海的孩子相比，有些已经是成绩不相上下了。在江孜高中，满分150分的情况下，英语平均成绩只有三四十分，而有一位来自西藏昌都在上海上学的孩子最低也有100多分。最重要的是，在上海的学习环境里，西藏班的学生普遍都养成了非常好的学习习惯。在与西藏班的班主任交流时，班主任告诉仓木决，这些学生考到北大都是很有可能的。"这说明我们西藏的孩子并不差！"仓木决震惊之余，也为这些与她一样来自祖国西南边陲的孩子们感到高兴。更重要的是，她深刻地认识到环境对学生的影响。因此，启发学生、引导学生，最终达到学生自主学习的教学方式她是不会放弃的，她要为自己的学生，挣得一个同样光辉的未来。

江孜高级中学的学生大都是西县的农牧民子弟。所谓西县，是指日喀则海拔3800米以上的县，那里的生活条件相对不好，学生的学习基础也较差。不过在物质条件上，学生没有后顾之忧，不仅是因为国家包吃、包住、包学费的"三包"政策，大部分农牧民家庭如今在党的关怀下，尤其是脱贫政策的帮扶下，生活得到了极大的改善。

正是因此，江孜高级中学的学习氛围日益浓厚，学校每年的升学率都在日喀则市名列前茅。"但是我们所说的升学率不是本科率、一本率，是大专及以上的升学率。"仓木决的声音低了一些，尽管她知道这对那些来自西县的孩子们来说已经是相当圆满的结果了，但她无法不去考虑自治区以外的衡量标准。

让更多的孩子去接受高等教育，去见识更广阔的世界，始终是仓木决的目标。当她得知别的班级有两个孩子是孤儿，生活费没有着落的时候，她毅然决定对他们进行资助。"你知道吗？这两个孩子后来都考到了内地的大学！"仓木决眼睛放光，发自内心地为他们感到骄傲。更让她感动的是，如今这两个学生都已经毕业回到了西藏，考上了公务员，每个月都与她联系，跟仓木决说说近况，讲讲过去。仓木决看着他们长大成才，梦想成真，生活安稳，真是百般滋味在心头。说感动太单薄，应该说那是一种闪烁着光芒的幸福。

当然也有让仓木决"头疼"的学生。不是因为成绩不好或者品行有失，相反，这个孩子的成绩可以说相当不错，考上理想的学校是十分有希望的。然而这名已经高二的学生提出要辍学。

辍学，这是仓木决不得不面对的一个难题。仓木决说，在过去，农牧民其实不太愿意让孩子上学，只能看到一些眼前的利益，想让孩子们早点出去打工。近年来，随着当地群众教育意识的不断提升，大部分家长都很乐意送孩子上学，而且不管家里有几个孩子，都要送去上学。但还是有些家庭认为读书无用。

"这个孩子是家里唯一的男孩子，两个姐姐已经嫁人，他得回去为家里帮忙。"对于这样的情况，仓木决没有作出评价，只是说，"可惜，太可惜"。同样从农村走出来的仓木决完全能够想象，一旦辍学，这个孩子将面对怎样的未来和人生。

仓木决不甘心。她不断地找这名学生谈心，才得知，他不仅有来自家里的压力，还有对未来的迷茫——考不上大学怎么办？找不到理想的工作怎么办？仓木决告诉他，其实老师自己毕业后也没有找到理想的工作，想做公务员现在却成了老师。可是自己也爱上了这份职业。人生并非只有一个选项，不是没找到理想的工作书就白读了。更重要的是把书读出来，知识和本领学到了，天大地大任你去闯。与其说这是苦口婆心的劝说，不如说这是敞开心扉的真情流露。这是仓木决自己的人生经验，她希望她的学生也能拥有面对不确定性的勇气和面对困难的坚韧。

仓木决找来学生家长沟通想法，同时还找了其他的老师共同来做思想工作。"现在看来，学生辍学的念头是暂时打消了。"仓木决只是暂时松了一口气，因为她不知道下个学期开学时是否还能再见到他。

仓木决希望每个孩子都能获得优异的成绩，都能考上理想的大学，都能找到满意的工作。但有时候她也认为，这些并不是衡量教育价值的唯一标准。也许，孩子们能健康快乐地成长，成为一个有温度、懂得爱、知感恩的人更重要。

油灯照亮的童年求学时光

"为学生挣得一个光辉的未来。"这份期盼源于仓木决与学生同是农村孩子的感同身受，也源于她的责任与使命。

过了日喀则城区，有座在当地有名的桥——东方桥，沿着318国道往东行驶20多公里，就到了雅鲁藏布江边的一个乡，那是仓木决的家乡，是她从小长大的地方。

"我是日喀则本地人，也是地地道道的农村小孩。"回忆起家乡，仓木决带着一些羞赧。那是一个不为人知的高原村落，在经济发达、交通便捷的今天，这里意味着闭塞、匮乏，甚至是原始。

1980年，仓木决出生了。"仓木决"在藏语里的意思是"家里最小的孩子"。因为在她之前，家里已经有六个孩子，她是最小的一个，排行第七。20世纪80年代初，改革开放还在艰难摸索中，中国的经济发展初见黎明，可想而知，这个在祖国边陲的九口之家，日子过得并不宽裕。

　　不过，让子女上学读书接受教育，是这个家庭从来不需要讨论的事情。日子再难，只要把书念好，就一定有希望。小小的仓木决始终都知道这个道理，所以哪怕学校再远，去学校的路再难走，学习资源再怎样匮乏，她都从未动摇过要努力学习的决心。"读小学的时候，我只能每个周末回去一次。那时候交通条件差，只能走路回家。尽管如此，我都要把书全带上，却也不觉得重，边走边念，步行一个小时的回家路好像只要半个小时就能到达。"仓木决笑意盈盈，那是一段温馨的记忆。这也是小小的仓木决为数不多可以抛开一切杂事的读书时光，因为回到家，她要帮母亲下田干活。"你知道，那其实很辛苦。我会偷喝妈妈身边的青稞酒，一边唱歌一边干活。"仓木决轻松的语气里没有苦意。她乐观、坚韧的性格也许正是那时养成的。

　　在没有通电的学校里，仓木决和她的同学们往往要借着油灯微弱的光才能读书。夜幕降临，对他们来说，从来不是一种浪漫的体验。回忆起那段求学时光，仓木决印象最深刻的不是课堂，不是同学，而是当时的班主任每天帮他们加油点灯的身影。正是这个身影，影响了仓木决的人生轨迹。

　　"那时候不仅没电，学习资料也只有教科书。照本宣科、死记硬背几乎是全部的方法。"不过在仓木决的记忆里，学校生活并非全无亮点。"那个帮我们点灯的班主任，一位数学老师，通过一道道数学题，逼着我们去思考、去钻研。"仓木决几乎是立刻就爱上了那种思索的感觉，也种下了她热爱数学的种子。在填写大学志愿的时候，仓木决毫不犹豫地写下了数学系。

　　只是，数学是学成了，"梦想"却破灭了。或许是落后的学习条件，或许是匮乏的学习资源，或许是照本宣科的教学方法，在从前的仓木决心里，学校从来不是她的职业归宿，她从小的心愿是成为一名国家公务人员。这个心愿源于一个很朴素的想法——她想要改变家乡落后的面貌，想要帮助家乡摆脱贫穷的标签。

"但是条件不允许。"

是的，条件不允许。七个兄弟姐妹已经让仓木决家里的经济压力很大，几乎无法负担她上大学的学习和生活费用了。仓木决只能报考师范专业，因为根据政策，师范专业可以免除学费。

今天的仓木决再次回忆起这段往事，已经没有了那份无奈，笑容里多了一份庆幸。她庆幸命运为她做了一个如此好的决定。

"成为一名教师之后，我真的深深爱上了这份职业。因为在这份职业里，我看到了自己的人生价值。这份价值来源于学生的成长、家长的肯定和社会的认可。我获得了无与伦比的幸福感。尤其是目睹一届届高三毕业生，长大成人、走向社会、有所成就，我由衷地感到这是一份光荣的职业。"仓木决感慨道。

为了这份光荣，仓木决拿出了她的钻研精神和韧劲。参加工作以来，仓木决共计带过12届毕业班，每周课时量超过25节课，所带班级成绩均名列前茅。2005届高三（2）班高考平均成绩超过日喀则市平均成绩。2014年至今江孜高中高考数学成绩均在日喀则市位列前四。

不断学习，让自己成为学生更坚实的铺路石

这份耀眼成绩单的背后是仓木决持之以恒的追求与脚踏实地的行动。

"不够，还是不够。我总是觉得自己在原地踏步。"工作六年后，仓木决完成了从"从未向往成为一名教师"到"想要成为一名更好的教师"的转变，也用实际行动证明了她对这份事业的热爱。

只是热爱是不够的。仓木决总是觉得自己有很多疑问，但没有能力去解决；她的知识好像不够用了，她要为自己充个电。于是，仓木决在职攻读了中央民族大学的硕士学位。

仓木决在中央民大的第一感受是：自己很落后——不会上网查资料。仓木决仅仅在大学时接触过电脑，彼时尚没有发达的网络。工作以后，学校并没有配备电脑，更别提网络。不会上网查资料的她被自己的导师打趣"像是一个古董"。

仓木决感到有点不好意思，但是她更意识到，自己来对了。有人看到自己的不足并直接指出来，自己才有改正和进步的机会。乐观的仓木决心想，今天虽然不会，只要我努力学，还担心明天不会吗？事实上，没过多久仓木决就学会了上网查资料，并学会利用网络资源来提高自己的教育教学水平。

除此以外，在中央民大听了诸多教授的课程后，仓木决发现，他们讲述的教学案例仿佛是另一个维度的事情。"跟我们那边真的有很大出入，教学模式差距太大了。绝大部分案例中，老师只是学生的引路人，主要是学生自己去思考、探究、学习。而我们学校通常就是老师讲、学生学，老师是课堂的主角，学生只是配角，完全被动。"

三年的研究生学习，仓木决看了很多、听了很多，也学了很多，但她的忧虑却越来越深：如果一直延续灌输式的教学模式，会不会耽误了学生？如果连老师都是"古董"，那么学生以后走上社会又如何与别人竞争？她意识到，这份打趣背后，是一份严肃的考问，而应对挑战的最好方法就是：不断学习。尤其是2019年从上海培训回来后，她更加坚定地认为，要成为学生的铺路石，只有终身学习。

关于未来，仓木决谈到的主要是学生。她希望学生成才、成功，希望日喀则能走出更多优秀的学生，但她更希望学生能通过接受更多的教育成为更好的人——会思考、有担当、有温度、懂得爱的人。说到她自己，仓木决细细盘点着，今年还有一个关于命题的研究要推进，学习上海的先进经验还要继续推进和完善，要动员更多的同事一同参与进来……

"你知道吗？我心中最大的榜样是张桂梅老师。"仓木决的声音忽然高了一些。或许张桂梅那羸弱的身影让仓木决无数次动容，或许张桂梅那些无人知晓的日夜奉献为仓木决注入了动力，或许张桂梅近乎偏执的、一定要让女孩受教育的信念使仓木决坚定了信心。仓木决顿了顿说："当然我不敢能说取得张老师那样的成就，也不敢说为日喀则乃至西藏的教育作出怎样的贡献。其实我对未来的期望很朴素，就是做一个让学生喜欢的老师。"

为学生考虑长远，为学生付出良多，为学生远赴上海"取经"，为学生力排众议寻求改变……仓木决还是谦虚了。与其说她寻求学生的爱戴，不如说她仍在督促自己要为了学生而继续努力。

仓木决知道，她不能停下，前方还有很长的路要走。

让我成为先例

——西藏日喀则市拉孜县中学吴先丽的故事

"我还是想来。"

吴先丽想来的这个地方，叫作日喀则，距离她的家乡遵义两千多公里，听起来遥远又孤绝。寒冷、缺氧是她全家对于这个陌生之地的全部认识。

可是有些决心是无法阻拦的。

2018年，吴先丽只身来到日喀则，成为拉孜县中学的一名化学教师。拉孜县是日喀则市下辖县，位于日喀则市中部。彼时，她也仅是一名刚刚毕业一年的年轻人。不是莽撞也并非冲动，她十分确定要到这里，奉献她的青春与热望。

来到这里，她仅仅用一年的时间就与同事一起让拉孜县中学的化学成绩，不管是理论还是实验，在20多个县的排名中，冲进了前五名。

但有时候，吴先丽也有些惶恐，尽管日喀则市每年7月份有专门为实验教师开设的培训，可毕竟西藏的教育水平不够先进，学习和进步的空间十分有限，如果自己不去打开眼界、寻求突破，又怎么能给学生带来优质的课程？

好在机会总是青睐追求进步的人。2019年10月，她获得了西藏日喀则市骨干教师及教育管理干部赴上海跟岗培训的机会。就这样，她开启了自己教师职业生涯中对她影响最深的篇章，也实现了一次华丽的蜕变。

暂缓评职称，一定要来上海学习先进经验

2019年，可以说是吴先丽的机遇之年。先是顺利通过了职称考试，就在拿着成绩和材料准备去评二级职称的时候，她得知青年教师有个机会可以去上海，参加"组团式"西藏日喀则市骨干教师及教育管理干部跟岗培训，但需要马上动身。吴先丽立即放下评职称的事，脑子里只有一个想法——去上海。

"我参加工作没几年，深知在工作中还存在很多的不足之处，想学习的地方也很多。上海的教育水平在全国都是领先的，我就特别想去看看那边的老师是怎么上课的，想去学习他们的先进经验。我也希望能把这样的经验带回来，改进教学方式方法，提升教学质量，提高学生成绩。"

吴先丽的想法朴素、真诚、热切。10月中旬，她如愿来到了上海。

到上海之前，吴先丽生怕自己准备不足，还特地去问了此前到上海培训过的前辈。在她的了解中，培训的形式应该就是比较传统的那种，可是就算再枯燥，她也一定要打起十二分的精神学习。

"培训开始之后，才知道完全不是那么回事。形式多样、内容丰富，真的来得太值得了！"是的，这次培训出乎了吴先丽的预料。

前10天，吴先丽与30多位来自全国各地的优秀青年教师一起在上海市师资培训中心开展集中培训。"上课类型特别丰富！比如说，针对我们西藏来的教师，会有专门的专家讲课。我们对上海比较陌生，就有专家来讲解上海的文化和当前上海的教育水平。"吴先丽至今对那次集中培训如数家珍。

完成短暂的培训后，吴先丽被分配到了上海市共康中学进行跟岗学习。刚好这所学校有西藏内地班，不少学生来自西藏，这让吴

先丽一下子放下了陌生和紧张，感到亲切又熟悉。

共康中学为新入职的教师准备了特殊的"礼物"，那就是退休的老校长会回校为大家作讲座。吴先丽也被邀请了。11 月，共康中学原校长唐怀琨为青年教师们作了一场题为"汉字拆分解析"的讲座，吴先丽听后大受启发。她为自己的上海之行也配了一个汉字——"聪"。"顾名思义，我在共康中学的大环境里用我敏锐的耳朵去听，听不懂就用我雪亮的眼睛去看，看不懂就用我鼻子下的金口去问，最重要的是要保持一颗平常的心去感悟。"同时唐老师也为吴先丽配了一个"富"字，希望她收获多多，带回西藏的经验也多多。这两个字后来也成了吴先丽的人生格言，这个年轻的女孩锐意进取、刻苦付出，也期盼着一场属于自己的"丰收"。

除了在学校里的学习，吴先丽还经常跟着共康中学"班主任工作室"负责人吴晓云老师外出参观交流。她听了崇明中学优秀班主任蒋飞斐老师"一名体育教师的带班情怀"的带班经验；参与了保德中学"勤·清·情"小班化情景下的差异教学实验研讨活动；学习了上海市嘉定区第二中学丁馨校长"今天我们怎样做老师"的专题讲座。听一校之长回头再谈"如何做一名老师"使吴先丽深深感佩丁校长讲的"三观"——职业观、学生观、学习观，相信师生是一种美丽的邂逅、温情的陪伴，是点燃彼此生命的人。

她参观了上海多所中学的校园，接触了不少上海的学生。吴先丽见识得越多，也越感受到差距。她想起拉孜县的学生，想起与他们一起做的实验，即使设备落后也硬学出好成绩的决心。吴先丽抓紧一切时间记录、学习和吸收。她的笔记记得很细，字里行间全是想要消弭差距的努力。

机会珍贵，要为自己的学生、为拉孜县、为日喀则，甚至要为西藏的教育事业，贡献一份自己的力量，她想。

做老师要用心，更要用爱

在吴先丽厚厚的笔记中，提到次数最多的，是共康中学的孙继伟副校长，也是她此次跟岗期间的导师。

"孙校对我的帮助太大了。"吴先丽提起她的导师，感激之情溢于言表，"孙校不仅是副校长，也是一位班主任，更是一位特别厉害的老师。看我年轻，想着我以后也要做班主任，孙校总是叮嘱我多学一点。"

学，是吴先丽的初衷，也是她的强项。她观察到，孙校长每天业务繁忙，除了教学还有许多行政事务要处理。可是只要学生一有需要或者参加活动，哪怕只是课间操，孙校长也会放下手头的事务，去陪伴学生。"我惊讶于孙校长的细心和耐心。我也第一次意识到，原来对学生的陪伴是如此重要。"

吴先丽有点茅塞顿开的感觉。过去，她总是埋头关注学生的学业，忽略了学生生活上的点点滴滴，而事实上一个始终感受到关怀、被爱包围的孩子，成绩也是不会差的。被孙校长的言行举止潜移默化地感染着，吴先丽作为一名跟岗老师，也作为一名副班主任，决心要做点事。

期末，学习氛围日渐紧张，学生的状态难免有些沉郁和焦躁，吴先丽都看在眼里。她悄悄统计了班级里父母不在身边的学生人数和情况，在家长群里一一找到了他们的家长，邀请这些在异地的家长录制一段小视频，把想对孩子说的话通过这样的方式说出来。再把这些视频集合做成PPT，在一节班会课上，放给全班看。"孩子们都非常感动，对他们期末的那些不良情绪也是一种缓和。"能为学生多做一些，吴先丽感到知足，也是她从孙继伟副校长那里学到的重要一课。

回到西藏，吴先丽也留心起了自己的学生。

与上海不同，在拉孜县中学，老师和学生更是朝夕相处。除了时间比较长的寒暑假，学生几乎都是在学校生活。"拉孜县下面还有很多村，有些近的村还好，远的村光是路上来回就要四五天。还有的学生来自牧民家庭，父母都要去放牧，地点不固定，每逢假期就回家是不现实的。"

这些是原来那个低头只顾精进教学的吴先丽不曾了解的。现在，她深深地体会到学生的不易，理解他们偶尔流露的小情绪；她尽可能地多陪伴他们，在学生取得好成绩时用心庆祝，在学生为学业烦恼时悉心倾听，在学生陷入茫然时耐心开导……她把在共康中学学到的"陪伴教育"带了回来，在课外更加关心学生的生活。她要用爱和陪伴，在孩子们的人生道路上给予更多的正确引领。

"我希望自己能够做一个永远充满爱心的老师。"吴先丽的语气温柔又坚决。

带着先进经验投身实践，凸显学生主体地位

年轻、热情、有干劲的吴先丽2018年一来到拉孜县中学就被委以重任，她需要负责初三年级化学实验课程教学。要知道，当时化学实验考试刚刚被纳入西藏中考，满分80分的化学考试中，实验操作占了30分。此前并不受重视的实验课就这样突然被拔高了。吴先丽没有任何经验可以参照，可是学生的成绩又是一分都耽误不得，说不捏把汗是不可能的。毕业班的学习节奏本就紧张，吴先丽不愿意用自己的情绪影响学生，她迅速冷静下来，调整状态投入课堂。

由于此前化学实验课程并不受重视，加之学校地处偏远，因此教学装备较为落后，学生往往也提不起什么兴趣。吴先丽的解决方

法是，无论如何，让学生先动手。

她改变教学方式，变演示实验为协同实验，与学生一起进行实验。当一个学生的操作步骤正确而规范时，她让全班给予掌声，鼓励他进行下一步操作，并让学生之间展开自评与互评。此外，吴先丽还改进实验装置，使实验过程更加安全、有趣、明了。在她的课上，学生看实验看得入迷，纷纷要自己操作一次，课堂氛围就这样慢慢被激活。

让学生"想"上课之后，怎样能让学生"会"上课？吴先丽认为，那就一定要让学生参与进来。在优化实验设计时，她让学生共同参与，一起头脑风暴，再一起检验设计是否可行。与此同时，吴先丽还把日常生活与化学实验结合起来。在一堂提纯实验课上，她首先问学生："同学们在家中喝酥油茶时，想把酥油茶中的奶渣除去，怎么办？"在生活中引入化学，以实验检验生活中的现象，吴先丽对学生的期望很高，希望他们不仅会操作，更要会思考，也希望化学实验对于学生而言不仅仅是那30分，而是一颗善于观察生活的心。

学生的学习兴趣有了，学习能力也在稳步提升，可是吴先丽的焦虑并没有减少。将近1000人的初三年级，教学设备落后而匮乏。中考时，实验考试非常严格，学生要一个一个操作，考官就在一旁观看并打分。怎么确保每个学生都会？又如何让每个学生在操作的时候都有老师指导以确保安全？吴先丽找到了教研组，大家商讨后决定，涉及学生实验的课程由两个老师一起上课，学生以小组为单位轮流进行实验，老师配合监督，确保课堂上每个学生都能动手操作每个实验。

就这样摸索、调整、改进，吴先丽和同事们的努力没有白费。目前拉孜县中学的化学成绩，不管是理论还是实验，在20多个县中

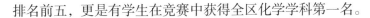

排名前五，更是有学生在竞赛中获得全区化学学科第一名。

吴先丽成了"先例"。

几乎是从零起步的实验课程取得了这样的好成绩，让吴先丽颇为满意，可这样的"满意"被随之而来的培训给彻底打破。

在上海跟岗学习培训期间，吴先丽曾参与过一次"同课异构"的活动。在那次课堂教学中，吴先丽发现那位年轻的数学老师不仅上课形式多样——把课件做成小游戏等形式，而且老师不怎么讲课，更多的是引导式教学——通过不断地设置问题情境，激发学生的学习兴趣，一步步引导学生自主探究学习。学生成为上课的主体，学得多，吸收得也快，还能实时反馈，课堂效率极高。

这让吴先丽开始审视自己的课堂。之前在拉孜县为学生上实验课时，她都是自己主讲，甚至一字不落地讲解才放心，不仅如此，还要亲自演示。一堂课老师占用了绝大部分时间，学生能学到多少？能吸收多少？

这是不行的。吴先丽深刻地意识到，教学不应该"满堂灌"，课堂应该以学生为中心，了解学生的需求是什么，通过合理的问题设置，引导学生自主学习，教师给予适当的点拨，使教学从老师的"教"转变为学生的主动"学"。

回到拉孜县，吴先丽着手改进。她在每堂课前先去挖掘这堂课的难点和重点，在课上主讲这两点，剩下的时间引导学生自己去思考和操作。学生学到更多，吴先丽也更能了解学生到底对这堂课的知识掌握了多少。师生就这样彼此配合，学习效率得到了显著提升。

从改进中尝到了"甜头"，吴先丽又打开了思路。她开始思考，既然她一个化学实验老师能从一位数学老师身上学到这么多，那么学校是否能加强老师之间的交流？甚至拉孜县与周边县的学校是不是也能打破学科的壁垒，互相交流教学经验？

"我在上海共康中学期间，经常去相邻学校交流。老师们你一言我一语，火花四溅。我们学校在这方面还是比较欠缺。"虽然有些失落，不过吴先丽还是抱有期待，毕竟拉孜县作为交通枢纽，今后组织交流十分方便。而随着一批又一批的教师去发达地区学习先进经验，交流促进步的理念也迟早会深入人心。

谈及学校的发展，吴先丽自有一番见解，而谈及自己的未来规划，她也十分清醒："我还年轻，这也意味着经验不足。今后还要利用闲暇时间，多向前辈去讨教好的经验做法。另外，我更多的关注点还是在学生，我要找到一个最适合学生的方式，去提高他们的成绩和学习效率。"当然，吴先丽的主旋律还是学习，甚至要多学专业之外的知识。她深知现在的教学早已不是仅靠专业知识就能够应付得了的。学生想法多、问题多、思路活，一旦答不上学生的问题，让学生失望不说，也打击了他们的好奇心，这是吴先丽最不想看到的事情，更违背她做老师的初心。

当老师，最初的理想、最坚定的选择

"我从小的愿望就是做一名老师，甚至要去师资匮乏的地方，做一名专业的老师，让每个孩子都能够享有优质的教育资源。"

距离遵义市区 63 公里的地方多高山丘陵和低谷坡地，观音寺河和鱼孔河曲折横贯，这里经济上并不突出却是一片山清水秀，还有一个可爱的名字——芝麻镇。吴先丽就是在这里，与外公外婆一起，度过了她的童年。

青山隔绝了城市的喧嚣，却也隔绝了交流的步伐。吴先丽记得，小镇地处偏远，经济不发达，自己的家庭条件也不好，镇上的学校极度缺乏专业师资。在小镇上稍微识点字的人就能来做老师，尽管他们善良淳朴、关爱学生，却无法掩盖教学上的不专业。回到家，电视成为她为数不多了解外面世界的渠道，却也总是播放着与她相同境况的短片——边远山区的孩子想学习，但没有资源。

2017年，吴先丽从遵义师范学院毕业后，看到了日喀则市教育局的招聘信息，她当即决定报名，却遭到家里的强烈反对。

"父母总是不希望孩子受苦的。"吴先丽的父母对西藏的印象仍然停留在十多年前，觉得那里不仅偏远而且荒蛮，甚至认为那里都没有通水通电。年轻的她不知道该怎么劝说父母，那一年她没有去成。

然而，2018年，吴先丽再次看到同样的招聘信息时，她心里的声音告诉她，还是要去。她首先向父母展示了日喀则当地目前的情况，再通过已经去日喀则工作的闺蜜具体解说，让父母了解当地最真实、最鲜活的情况。几番软磨硬泡，吴先丽的父母被打动了——那里并非荒野、不通水电，那里可以承载女儿的梦想。

"我想，还是我的坚持奏效了。"这个坚定的年轻女孩，就这样开启了她全新的人生旅程。

递交个人信息、网上报名、成都面试……通过了层层考验，吴先丽终于来到了日喀则。日喀则在藏文里的意思是"土质最好的庄园"，而吴先丽正是来此做"园丁"的。凛冽而稀薄的空气时刻提醒着她，想象过无数次的遥远异地，就在眼前了，梦想，近在咫尺。

她是做好了万全准备的。

"但那些都没用上，因为日喀则比我想象中好太多了。"吴先丽回想起刚来的那段时间，一丝抱怨的意味都没有，相反还有些兴奋，"基本的生活保障就不说了，通水、通电、通网络，各项设施非常齐全。"

让吴先丽适应最快的还是味觉。日喀则当地有许多四川人过来做生意，因此不少餐馆都以川菜为主。时间一长，当地人也被影响，吃的菜式上都以川菜为主。"我刚好是不怕辣的贵州人，他们吃辣，我也吃辣，生活那是相当适应了！"辣妹子吴先丽说起好吃的滔滔不绝，也让人突然想到，这个只身跑到离家千里之外的女孩，其实当时也只是二十出头、爱玩爱闹的小姑娘罢了。

日喀则对她的眷顾不止这些。

"从第一次过来就没什么高原反应，感觉很好。"吴先丽既惊喜又意外。

在来之前，她做足了功课——高原缺氧的问题并不是共性问题，每个人面临的状况都不一样。通常男生的耗氧量比女生多，那么男生出现缺氧的情况就会比女生多。另外，缺氧症状与个人的高矮胖瘦、身体素质都有关系。她当然是有过担心和顾虑的，但到了日喀则，这一切顾虑都被打消了。"我想我的身体素质还是不错的。"吴先丽的语气里带着一些女孩的小窃喜。

她的放松也来自融洽的人际关系。由于日喀则教育局的招聘几乎没有地域限制，因此与吴先丽一同来到日喀则的还有全国各地的青年教师。年轻人在一起熟悉得总是特别快，吴先丽性格随和，很快就与同事们打成一片。"大家都是第一次来高原地区生活，交流交流感受，谈谈家乡，说说教学，日子融洽而愉快。"

融洽而愉快的日子飞快地过去。完成了在日喀则市里的集中培训后，小伙伴们各奔东西。而吴先丽则启程前往她最终的目的地，拉孜县中学。

"那个场景我至今无法忘怀"

2018 年初冬，高原已十分寒冷。吴先丽与另外九个来自全国各地的老师被分配到日喀则中部的县城——拉孜县。

相比日喀则市，拉孜县对于当时的吴先丽来说非常陌生。彼时，拉孜县尚未脱贫，在生活设施上比市里差了一大截。但吴先丽并不介意。

"相对周边的县来说，拉孜县已经很好了。"

吴先丽所说的"好"，首先是地理位置。拉孜县是一个交通枢纽，要去周边的县、村都必须要在这里中转，因此相对热闹，生活上也相对方便。让吴先丽动容的还有拉孜县教育部门，他们对于教育质量十分重视，非常渴望和欢迎四面八方来的青年教师，为学生带来高质量的教学和更加开阔的眼界。这让她想起那个小小的芝麻镇，她成长的地方曾经也是这样期盼着与优质师资的联结，今天她带着使命来到了拉孜县。命运如此交流轮转，那个踮起脚尖想要看看世界的小女孩，今天成了教授知识的外来使者。

10位青年教师拖着行李走进拉孜县中学，一路被领到学校的生活区。稀薄的氧气让吴先丽有点喘，只是她顾不上调整状态，因为自己呼吸的声音被校园里的读书声取代了。她下意识地看了手表，再三确认已经到了放学时间。忽然一股热流涌上心头，她知道，她来对了。

"那么冷，又缺氧，但真的没有一个学生不在读书。即使到了休息时间，他们仍然在学习、看书、做作业，特别特别认真。我瞬间就被那种气氛和力量击中，至今都难以忘怀。"

难以忘怀，成了她对这所即将入职的学校的第一印象。

事实上，勤奋刻苦也一直是吴先丽学习和生活的主旋律，看到这里的学生就像看到曾经的自己。不同的是，这里的孩子比起当初的自己条件更好：拥有了宽敞的校舍、专业的师资、更好的时代、触手可及的世界和无限的可能。她被这些素未谋面的孩子感动了，也为他们庆幸。她更加坚定了自己的信念和决心——要用自己的专业，为学生做更多。

拉孜，藏语意为"神仙居住的地方"或"光明最先照耀之金顶"。吴先丽和她的学生们，从相遇的这一刻就注定了是彼此的光。

这一路走来的各种艰辛只有吴先丽自己知晓。很多时候，这份成绩带给她自信，她相信是自己的年轻让她敢想敢干，去摸索去拼搏，也有精力可以把前辈的经验和自己的想法结合，应用到教学上，寻找"最优解"。

学习、思考、实践，吴先丽就是这样一步步成长，化解困难，取得成绩。她始终牢记教育前辈叶澜教授所说的，"一个教师写一辈子教案不一定成为名师，但如果一个教师写三年教学反思，就可能成为名师"。她相信，教案再漂亮也是纸上谈兵，教师就是应该在"实践—反思—再实践—再反思"中螺旋式上升，以此找到最适合自己也最适合学生的学习方式。

2020年，吴先丽从上海回来后，已然感受到自己在教学上的突飞猛进。但她深刻地明白"独行快，众行远"这个道理，她愿意带动身边更多的人为当地的教育注入更鲜活的动力。

年轻的吴先丽坚信，未来可期。

高原上的守望者

——西藏日喀则市江孜县第二双语幼儿园 索朗德吉的故事

我国著名教育思想家、教育改革家吕型伟曾道出教师这一职业的真谛："教育是事业，事业的意义在于献身；教育是科学，科学的价值在于求真；教育是艺术，艺术的生命在于创新。"

对此，西藏日喀则市江孜县第二双语幼儿园的老师索朗德吉深以为然。她说："教师只有不断接受新的科学理论知识，开阔自己的视野，才能从更高的站位看问题。只有利用科学的理论，才能指导实际工作，才能找到正确的方向，取得正确的结果。同时，在工作中要利用自己的知识储备，结合实际教学工作不断创新，才能永葆青春活力，适应时代的发展变化和理论知识的升级。"

2019年10月，索朗德吉跨越数千公里，从雪域高原的西藏江孜，来到了东海之滨的黄浦江畔，开启了新一段求学之路。在参加"上海师资培训日喀则市管理干部培训项目"的过程中，索朗德吉始终都带着问题认真参加每一次培训，研讨每一个议题，不放过任何一个学习机会。她在2020年6月荣膺这一项目的"优秀学员"称号。

作为一名幼教工作者，索朗德吉立志学有所成，有朝一日能回报养育她的热土。这一次她兑现了自己的诺言。

学以致用，将幼儿自主游戏引入课堂

在接到前往上海培训学习的通知时，索朗德吉既兴奋又犹豫。"要去那么远的地方，四个月才能回一次家，我真的放不下父母和女儿。"单位领导的坚持和鼓励让感到她盛情难却，在犹豫的过程中，丈夫和女儿的话让她下定决心启程。"我和丈夫说到培训的事，他就一直鼓励我参加，还叮嘱我要戒骄戒躁，虚心学习，争取学有所成，要给自己定目标、定方向，才能有动力。女儿也很高兴我能去上海，她还让我放心地去学习。"

就这样，索朗德吉带着家人的鼓励踏上了赴沪培训之路。工作中的索朗德吉不仅敢于接受教学新挑战，而且乐于接受教学新理念，同时也善于发现教学新课题。

索朗德吉在上海市杨浦区打虎山路幼儿园进行观摩实践，这里有她十分感兴趣的课题——幼儿自主游戏课程。新的《幼儿园教育指导纲要（试行）》中提出，幼儿教育应以游戏为基本活动，就是说要把作为娱乐活动的游戏引入幼儿园的教育领域。这一提法充分肯定游戏的教育价值，并由此确定游戏是幼儿园的基本教学活动的地位，对幼儿教育的改革起着重大影响。

游戏是儿童的基本活动，不仅是因为儿童喜欢，而且占用儿童的时间最多，更重要的是因为游戏最适合、也最能满足儿童成长的需要。幼儿园游戏有别于自然状态下的游戏，它在特定的教育环境下进行，因而具有教育性特点，能够将游戏因素与教育因素有机结合。幼儿园游戏作为幼儿教育的基本活动，包含在所有幼儿园教育活动之内。幼儿才是游戏活动中真正的主人，掌握游戏的主动权。

在打虎山路幼儿园里，索朗德吉看到这里的幼儿能够很好地跟随老师的组织和引导，成为课堂游戏的主人，这一点令索朗德吉印象深刻。"我们的教学过程中，也会开展以游戏形式进行的教学活动，但是幼儿参与性不强，互动性较弱。但是上海的小朋友在老师的组织下，可以自主进行游戏，自主选择扮演角色，还可以进行展示活动，老师只是起到引导的辅助作用，帮助幼儿学会观察和探索。这是我一直以来想要在课堂上攻克的课题之一。"

幼儿的游戏权利能否得到保证，关键在于教师的态度和组织管理。这对教师提出了创造性开展工作的新要求。教师也要不断地学习，来提高自己的素质和指导游戏的水平。通过咨询专家、翻阅书籍、收集整理材料，索朗德吉探索出了一套自己的教学方案，并引进了自己的课堂，用她在上海的所学所获，在班级里开展了幼儿自主游戏的课程。

经过一段时间的适应和调整，索朗德吉发现自己班上的幼儿在游戏中的参与性、互动性逐渐增强，这让她成就感满满。"孩子们慢慢可以自己作出选择，自己创造探索，自己观察思考，表达能力和沟通能力有了明显的提高。"她还参考上海"大带小"的教学模式，引导大班的幼儿带领小班的幼儿共同协作完成规定的自主游戏活动。"幼儿间的沟通交流和协作，促进了彼此间的情感培养。老师在课后也会进行总结、评价和研讨，这对老师的业务能力和教学水平也是极好的促进和提升。"

2021年7月，定日县幼儿园园长及教师一行20余人来到江孜县第二双语幼儿园观摩交流。在幼儿园领导的安排下，老师们观摩了索朗德吉的一堂幼儿自主游戏的公开课，授课内容和实际效果给现场的老师们留下了深刻的印象，老师们的反馈也让索朗德吉备受鼓舞。

分析原因，重点关注，化解"小班幼儿入园焦虑"

小班幼儿入园焦虑，是索朗德吉在2019年的教学工作中观察到的现象，这引起了她的关注和重视。

"这是我从上海接受培训回来后，观察幼儿时发现的问题，这个普遍现象应该引起家长和幼儿园双方的高度重视。小班幼儿在刚入园时，由于刚刚脱离家庭，缺乏安全感，在园里比较焦虑，这让幼儿教育工作处于被动状态，教学成效会大打折扣。"

如何让小班幼儿在最短的时间内消除焦虑、尽快适应幼儿园生活，是摆在幼儿教师面前的一项重要课题。为此，她还撰文《消除小班幼儿入园焦虑之我见》，结合在上海培训期间的学习，以及自己的实际工作，对这一现象进行了分析和总结，并提出了相应的改进建议和措施。

索朗德吉在文中总结了小班幼儿入园焦虑的三种类型：哭闹型、跟随型和安静型。哭闹型，即有些刚入园的幼儿，在家长离开后就开始哭闹，怎么哄都哄不好。跟随型，即有些幼儿会因为一点点小事哭泣，会哭着说："老师，我想要一张纸""老师我想要上厕所"……老师上前安慰并不能让他停止哭泣，但如果这时老师走到另一处，或去别的小朋友身边时，会发现他默默地跟在身后。安静型，即有些幼儿在入园离开家长后，也会哭闹，但很快就会停止，不主动讲话，老师问问题只会摇头、点头；等到下午放学见到家长，他的心情就会变好，也会主动和老师们说再见。

对此，索朗德吉认真分析发现，小班的幼儿入园后出现焦虑的原因主要有三点。一是幼儿生活规律的变化导致的焦虑。幼儿在入园前都依赖于父母或祖父母辈的照顾，所有事情都在长辈帮助下完成；入园后没有了家长的帮助，只能自己洗手、穿衣、吃饭等，没有了家里的舒适感，使幼儿心理出现落差，因此不喜欢幼儿园。二是缺乏与外人交往的经验导致的焦虑。幼儿在家庭中缺乏与外人接触的机会，家长的陪伴让幼儿备感安全。入园后幼儿开始独自面对陌生的环境和人，不知道该如何融入，使幼儿感到恐惧不安、孤独无助。三是幼儿园存在"幼儿多，教师少"的情况。从目前来看，当地大多数的幼儿园每班平均40个幼儿，每班配备两名老师，难免会有照顾不周的地方。幼儿的心理是敏感的，如果需求得不到及时回应，他会感到被孤立，开始胡思乱想，产生一些不良情绪。

分析完原因后，索朗德吉通过学习和实践，摸索出了相应的消除幼儿焦虑的措施。一是从幼儿角度入手，鼓励幼儿掌握独立自主的能力，引导幼儿入园养成好的生活和行为习惯，学会穿衣、吃饭、上厕所等基本的生活技能，学会有困难主动向老师寻求帮助。二是从家长角度出发，鼓励家长在入园前带领幼儿提前参观，熟悉幼儿园的环境和事物，提前适应幼儿园环境，缓解幼儿面对陌生环境的紧张与不安。家长要控制自己的情绪，要对幼儿园和幼儿教师有信心。三是从幼儿园和教师的角度，幼儿园环境布置尽量温馨，幼儿园老师要有亲和力，与幼儿多亲近，多组织游戏活动，分散幼儿的注意力，让幼儿感受到在幼儿园的快乐；同时应积极鼓励和表扬每位幼儿，让他们对老师的表扬感到开心，也能对自己充满信心；老师要与家长多沟通，共同携手帮助幼儿更好地适应幼儿园生活，让他们能够健康快乐地成长。

索朗德吉介绍说，按照她的学习总结，幼儿园小班会根据要求组织开展"晨谈会"，她会认真询问每个小朋友"今天来到幼儿园是否感到很开心"，由此来初步了解幼儿的心理。如果发现个别幼儿有情绪不佳的迹象，就会对其进行有针对性的关注。"分析幼儿入园焦虑的原因，进行针对性的教育，抓住幼儿的闪光点进行鼓励，同时做好与家长的沟通，才能让幼儿愉快入园，开开心心地度过在幼儿园的每一天，这对他们未来的成长十分重要。"

面对全新挑战，勇担职责使命

今天的索朗德吉对待工作游刃有余，看似水到渠成的背后，只有她自己知道这一步步走来是多么不容易。

1987年出生的索朗德吉，毕业于西藏大学艺术系的舞蹈表演专业。作为非师范类专业的毕业生，并不具备幼儿教育相关的教育理论知识，也没有过相关实习经历，因此从事幼教工作对她而言是一切从零开始，每一天都面对着全新的挑战。

成为一名幼教老师后，索朗德吉迅速进入工作角色，但她深知自己在工作中的不足之处。"我虽然学过一些乐器，也是舞蹈专业毕业，但是我的艺术活动能力比较弱，为了能够给孩子们带来更专业的知识，我一直在努力加强基本功的训练，尤其是绘画、手工制作、弹奏等教学技能、技巧。"

索朗德吉主动学习相关的理论知识，抓住每一次培训的机会，购买有关幼儿教育学、幼儿心理学相关的书籍给自己充电。经过学校的多次培训和实践教学，她摸索着适合自己的工作方式，逐渐对幼儿教育有了一定的经验和心得，并取得了一些进步，摆脱了初到岗位时面对幼儿时的担心和无措。

"慢慢地，在教学工作上，我能有针对性地备课、备教材、备学生，并做好活动反思。我也一直在努力钻研，怎样在课堂教学上培养幼儿的兴趣，怎样开发幼儿的创造性思维，怎样与幼儿更好地沟通交流。"索朗德吉说，"另一方面，我在家长工作方面也积累了一定的经验，能够和家长们保持融洽的关系，家长们很体谅、配合我的工作，也很放心把他们的孩子交给幼儿园、交给我。"

"对幼儿进行教育，如果不懂得幼儿心理发展的特点和规律，必定不会成功，甚至适得其反。让我体会最深的就是学习幼儿的心理特点。幼儿的心理特点主要表现在幼儿学习的主动性、由兴趣驱使的学习积极性、语言指导下的直观形象性、学习的无意性和个体差异性。如果没有经过系统性的学习，可能不会了解到这么多的理论知识，很可能在教学过程中不知不觉地扼杀了幼儿的学习主动性。"

"现在的教育观认为教师与幼儿的地位是平等的。作为教师首先应该是孩子的朋友，也是幼儿的伙伴，应该使幼儿在心理上感到安全、放松，让他们生活在自由、尊重、平等、合作的气氛中，让幼儿充分活动，获得表达自己欲望和展示能力的机会，从而健康成长。"索朗德吉说，"有些行为如果不及时加以引导，将严重影响幼儿一生的发展。胆怯的幼儿往往没有勇气在众人面前讲话，或说话声音很小。为改变他们这种胆怯的性格，我们努力为幼儿提供'说'的机会，让幼儿在大家面前表达自己的想法和感情。"

通过对幼儿心理学知识的学习，索朗德吉深刻地认识到，幼儿阶段是人生的奠基阶段，幼儿教师是他们最初的启蒙教师并在他们成长过程中起着主导作用。"这让我更加深刻地意识到自己工作的重要性，以及身上肩负的责任，所以我会更加耐心细致地完成好这份工作赋予我的使命和职责。"

与丈夫同守高原，见证祖国强大

除了幼儿园老师之外，索朗德吉还有一个身份——军嫂。她的丈夫是一名驻守在喜马拉雅山北麓、为祖国卫戍边疆的军人。他们夫妻二人一个守护着身后的祖国，一个浇灌着祖国未来的花朵，在各自的岗位履行着自己光荣而神圣的使命。

回想起自己与丈夫的相识，索朗德吉满是甜蜜。他们相识于2012年，正是索朗德吉刚刚考上幼儿园教师的时候。索朗德吉的丈夫在刚认识她时，自我介绍说他是做买卖的生意人。索朗德吉起初对这个"生意人"并无感觉，由于刚刚接触到全新的工作，她的主要精力都扑在了工作上。

在二人初识的一个月里，"生意人"总时不时地和索朗德吉搭话，在了解她是幼儿园老师之后，他开始逐步袒露心声："我也喜欢小孩子，希望未来找一个老师做妻子。"随着聊天话题的深入，这个"生意人"经常和索朗德吉聊起家国情怀。她能从言语间感受到他满满的正能量，他总是能够给她莫大的鼓舞和力量，这也让她渐渐对这个"生意人"心生崇拜。聪明的她开始怀疑他的真实身份："我猜他可能也是老师，或者是一名警察，因为我从和他的聊天过程中，感觉到他的正直和善良，以及特殊的责任感。"

有一天，"生意人"突然坦白说，自己是一名驻扎在青藏高原的边防军人，希望能在拉萨有一个稳定的小家庭。这样的表白突如其来，但也是索朗德吉所期待的声音，她的芳心早已被他打动。"他跟我保证，骗我是'生意人'是他从小到大第一次说谎，也是最后一次说谎。他给我最深的印象，就是时间观念非常强，做事坚决果断，不拖泥带水。这就是部队对一个人的培养和塑造，让我觉得这个人非常可靠，值得信赖。"

在两人正式确立恋爱关系后，他不止一次说起做一名军嫂的艰辛和不易，但这都难不倒这个美丽又坚强的藏族姑娘。不知从何时开始，索朗德吉坚定了一个信念，那就是做一名光荣的军嫂。她总是鼓励丈夫说："只要你能守卫好我们的祖国，我就能守护好我们的家庭，我会永远跟着你、支持你、鼓励你，你放心地去为祖国站岗吧！"

终于，索朗德吉和丈夫的爱情修成正果，二人携手步入了婚姻的殿堂。婚后，夫妻二人有了一个可爱的女儿。因为工作原因，女儿只能在拉萨由父母照料，一家三口就这样分居三地。不知有多少

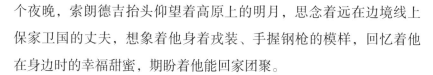

个夜晚，索朗德吉抬头仰望着高原上的明月，思念着远在边境线上保家卫国的丈夫，想象着他身着戎装、手握钢枪的模样，回忆着他在身边时的幸福甜蜜，期盼着他能回家团聚。

"是谁说军嫂最坚强？那只是人前的假象；

是谁说军嫂最能吃苦？那只是为母则刚的使命；

是谁说军嫂的心都是铁打的？那只是装出来的铁石心肠。

军嫂是血肉之躯，也有七情六欲，

经常有莫名的感动藏在心间，

也有悲伤不时涌上心头。"

这是索朗德吉在自己写的一篇诗歌《高原上的守望》中袒露的心声，也是无数军嫂最真实的内心写照。

有一次，丈夫休假回来探亲，索朗德吉忍不住问他："为什么不能经常视频或者语音聊天？"丈夫回答说："因为部队有规定，军人要严格遵守保密纪律，所以不能跟家人视频聊天。"简单一席话，让索朗德吉感到丈夫作为一名军人的可爱。从那之后她几乎从不主动和丈夫提出这一要求。

"真的只有作为一名军嫂才知道，中国军人是多么可爱。他们舍小家为大家，去条件最艰苦、气候最恶劣的西藏边防一线，守护国家安全和领土完整。"对于这一切，索朗德吉感到幸福而骄傲，"我、丈夫、女儿，我们一家守望着青藏高原，一起见证着西藏的发展，一起感受着共和国的强大！"

生于英雄城，学成报家乡

索朗德吉的家乡江孜县隶属于西藏自治区日喀则市，在藏语里寓意为"胜利顶峰，法王府顶"。江孜县位于日喀则市东部、年楚河上游，因此，这里在历史上又被称为"年"。这是一座有着一千多年历史的古老城市，土地肥沃，人杰地灵。千百年来，勤劳勇敢的江孜人民在这块热土上留下了数不尽的艺术瑰宝。

江孜，也是一座英雄的城市。1904 年，英帝国主义者侵略西藏，当地军民不畏强暴，在江孜以宗山为中心浴血奋战，与侵略者进行殊死搏斗，用鲜血和生命为中国近代史谱写了一曲英勇悲壮、可歌可泣的爱国主义赞歌。从此，人们称江孜为英雄城，电影《红河谷》再现的就是这段历史。

一百多年过去了，江孜县宗山上的英雄遗址，已经成为"全国重点文物保护单位"和"全国爱国主义教育基地"。如今，物产丰富的江孜也成为一座新兴的旅游城镇，为她的儿女们的美好生活提供了坚实的物质基础。

出生在这座雪域高原上的英雄城，索朗德吉倍感荣幸和骄傲。

2010 年本科毕业之后，她也曾怀着满腔热血参军入伍，成为西藏武警文工团的一名文艺兵，实现了自己报效国家的军旅梦。

在很多人看来，索朗德吉是一个阳光开朗、热情善良的藏族姑娘。无论是在大学校园还是部队，她总是十分自豪地向身边的同学或战友介绍自己的家乡。正是这一遍遍的诉说，让她逐渐意识到，那个美丽富饶的江孜县一直令她魂牵梦绕，难以割舍。她，对家乡的土地爱得深沉。2012 年退伍之后，索朗德吉听从了爸爸的建议，回到家乡成为江孜县第一幼儿园的一名老师。

回到家乡从事幼儿教育工作，其实是圆了索朗德吉儿时的一个梦想。"这是我一直以来的愿望，也是最让我感到自豪的事情之一。我的爸爸把自己的青春都奉献给了江孜。他也一直告诉我，在外学有所成就要为家乡作出贡献。"索朗德吉说，"小的时候，我就立志要为家乡的教育发展贡献自己的力量。而且，我一直都很喜欢小孩，

成为一名幼儿园老师，真的和我的愿望不谋而合。"

另一个让索朗德吉深有感触的，就是从 2012 年回到家乡工作以来，她见证了江孜的发展变迁，也是家乡 2019 年底彻底脱贫摘帽的亲历者。江孜的脱贫之路，可以说是中国特色社会主义制度优越性最真实的写照和最生动的体现。她说："我很高兴看到家乡的种种变化，一路见证了江孜县的发展越来越好，我们的生活水平也在不断提高。作为一名党员，我也主动发挥先锋模范作用，并且不断提醒自己要善于思考、不断学习、提升自己，更好地为家乡的教育事业服务。我相信，在中国共产党的坚强领导下，江孜人民一定会迈着矫健的步伐，阔步走在实现中华民族伟大复兴的道路上。"

来沪培训满载而归，要感谢每一个人

"都说女儿是爸妈的小棉袄，可是我与父母相距遥远，不能做他们的小棉袄，这让我感到非常愧疚。自从我为人母后，才知道'可怜天下父母心'这句话的真正含义。"因工作原因，索朗德吉无法正常照料孩子，她曾在产假结束后便立刻投入到了工作中。"面对这种情况，爸爸妈妈便对我说，孩子由他们来带，让我安心上班，孩子他爸安心当兵。"

不知多少次，索朗德吉都将挂在嘴边的一句"爸爸妈妈，你们辛苦了"咽进肚里，她生怕爸妈说自己太客气。每逢周末或假期，索朗德吉会从江孜乘车两百多公里回到拉萨的家中，陪伴已经读小学的女儿，照顾父母公婆。有时周末无法回到拉萨，半个月一个月见不到孩子也是家常便饭。一家三口聚少离多，索朗德吉毫无怨言。她独自一人承担起家庭的责任，事事作表率，处处见真心，努力维护好军属的形象，让丈夫心无旁骛戍边卫国。

2017 年，索朗德吉赴任江孜县第二双语幼儿园办公室主任。在事业上取得的成就是以牺牲陪伴女儿的时光为代价的。女儿一直是索朗德吉心里最柔软的地方。"我和丈夫从来没有陪女儿一起过一次六一儿童节。"说到这里，这位坚强开朗的藏族姑娘有一丝哽咽，她的眼中泛起泪光，"有一次临近儿童节，她在电话里还安慰我说，'妈妈，你有那么多小朋友要照顾，我有爷爷奶奶陪我过节，我没事的。你要照顾好其他小朋友们，让他们能够开开心心、快快乐乐'。"

带着对丈夫和女儿的想念，以及对家人的牵挂，索朗德吉把精力都放在了工作上，把那份母爱毫无保留地倾注给自己幼儿园里的孩子，尽心尽力呵护着他们的健康成长。看到孩子们，索朗德吉往往会想起自己的女儿。"在园里，我既是他们的老师，也扮演着妈妈的角色，能够身兼两种角色是其他职业所体会不到的。"索朗德吉十分欣慰地说道，"如果没有家人在背后的支持和鼓励，我想我也无法走到今天，他们是我最大的动力。"

"希望将来有一天，我可以和丈夫带着我们的女儿和父母，一起到上海旅游。我想带他们品尝上海的美食、走走上海的街道，让他们感受这座城市的魅力。"最后，索朗德吉还袒露了自己内心的愿望，"我还要回到我曾经参加培训的地方，向那里的每个人真诚地说一声'谢谢'。"

"我很感谢幼儿园的领导给我这次难得的学习机会。我的领导一直都鼓励年轻教师多参加学习培训，并在学成归来后结合实际改进教学内容。同时，他在工作中对我非常关照，是我工作的榜样之一。"索朗德吉说。

图书在版编目（CIP）数据

守土者的变量 / 张涛主编. — 上海：上海教育出版社，2023.4
ISBN 978-7-5720-1928-9

Ⅰ.①守… Ⅱ.①张… Ⅲ.①教育－扶贫－研究－中国 Ⅳ.①G52

中国国家版本馆CIP数据核字(2023)第051289号

责任编辑　邹　楠
封面设计　郑　艺

守土者的变量
张　涛　主编

出版发行	上海教育出版社有限公司
官　　网	www.seph.com.cn
地　　址	上海市闵行区号景路159弄C座
邮　　编	201101
印　　刷	上海普顺印刷包装有限公司
开　　本	700×1000　1/16　印张 10.5
字　　数	127 千字
版　　次	2023年4月第1版
印　　次	2023年4月第1次印刷
书　　号	ISBN 978-7-5720-1928-9/G·1734
定　　价	58.00 元